Systematische Metaphernanalyse

AF132168

Rudolf Schmitt · Julia Schröder
Larissa Pfaller

Systematische Metaphernanalyse

Eine Einführung

 Springer VS

Rudolf Schmitt
Fakultät für Sozialwissenschaften
Hochschule Zittau/Görlitz
Görlitz, Deutschland

Larissa Pfaller
Institut für Soziologie, Friedrich-
Alexander-Universität Erlangen
Erlangen, Deutschland

Julia Schröder
Institut für Sozial- und
Organisationspädagogik
Universität Hildesheim
Hildesheim, Deutschland

ISBN 978-3-658-21459-3   ISBN 978-3-658-21460-9   (eBook)
https://doi.org/10.1007/978-3-658-21460-9

Die Deutsche Nationalbibliothek verzeichnet diese Publikation in der Deutschen Nationalbibliografie; detaillierte bibliografische Daten sind im Internet über http://dnb.d-nb.de abrufbar.

Springer VS
© Springer Fachmedien Wiesbaden GmbH, ein Teil von Springer Nature 2018

Verantwortlich im Verlag: Katrin Emmerich

Gedruckt auf säurefreiem und chlorfrei gebleichtem Papier

Springer VS ist ein Imprint der eingetragenen Gesellschaft
Springer Fachmedien Wiesbaden GmbH und ist ein Teil von Springer Nature
Die Anschrift der Gesellschaft ist: Abraham-Lincoln-Str. 46, 65189 Wiesbaden, Germany

Vorwort

Die Veröffentlichung von *Metaphors We Live By* von Lakoff und Johnson im Jahr 1980 stellt die Geburtsstunde einer Metaphernanalyse dar, welche sich nicht auf rein sprachimmanent gedachte Phänomene beschränkt. Metaphern werden nicht mehr als schmückendes Beiwerk der Sprache, sondern als integraler Bestandteil einer sprachlichen Praxis verstanden. Mehr noch: Sprache operiert grundsätzlich metaphorisch, und damit lassen sich auch unsere Wahrnehmung, unser Denken, Fühlen und Handeln als durch Metaphern geprägt verstehen. Dieses Metaphernverständnis der kognitiven Linguistik hat den Blick der Forschung auf Sprache und deren Gebrauch radikal verändert und *Metaphors We Live By* gilt nicht zu Unrecht inzwischen international als Standardwerk. Sein Erfolg mag auch der Tatsache geschuldet sein, dass es ungemein leicht verständlich und anregend geschrieben und damit auch einem breiteren Publikum zugänglich ist. Damit einher geht allerdings gleichzeitig, dass manche darin vorgenommene theoretische Entscheidung unausgesprochen und das konkrete empirische Vorgehen im Dunkeln bleibt.

Damit eine Metaphernanalyse, die auf den Konzepten der kognitiven Linguistik fußt, aber auch als empirische Methode systematisch angewendet werden kann, bedarf es der Ausformulierung der theoretischen und methodologischen Grundlagen sowie eines daraus nachvollziehbar abgeleiteten methodischen Vorgehens. Beides möchte die vorliegende Einführung leisten: Erstens wollen wir die bei Lakoff und Johnson bereits implizit vorliegenden Überlegungen entfalten und auf theoretische Anschlussmöglichkeiten verweisen. Zweitens wollen wir die Metaphernanalyse systematisch als Methode der qualitativ-rekonstruktiven Sozialforschung entfalten und eine didaktische Anleitung für deren Anwendung geben.

Ein weiterer Grund für die Notwendigkeit dieser Einführung liegt darin, dass nur das erste Buch von Lakoff und Johnson (1980) in deutscher Übersetzung vorliegt (2018); die späteren Veröffentlichungen (Lakoff 1987; Johnson 1987; Lakoff und

Johnson 1999), welche entscheidende Weiterentwicklungen, wichtige Ergänzungen und Korrekturen des Ansatzes darstellen, allerdings nicht. Die deutsche Diskussion ist darum sehr oft auf die Errungenschaften und Einschränkungen des Erstlingswerks beschränkt. Die in der vorliegenden Einführung vorgestellte Methode der systematischen Metaphernanalyse bezieht demgegenüber das Gesamtwerk von Lakoff und Johnson ein und kann damit entscheidende Revisionen konsequent methodisch umsetzen.

Das vorliegende Buch stellt eine didaktische Aufbereitung der Methode der systematischen Metaphernanalyse dar und beruht in Teilen auf deutlich gekürzten und für den Zweck der Einführung überarbeiteten Abschnitten aus Schmitt (2017a). Für eine vertiefende weitere Beschäftigung sei darum auf dieses Buch verwiesen.

Die Einführung ist in 12 Kapitel gegliedert, die ebenfalls als Unterrichtseinheiten verwendet werden können. Sie stellen die theoretische Grundlage der Methode ebenso wie konkrete Ablaufschritte der Metaphernanalyse dar und liefern empirische Beispiele. Jedem Kapitel (mit Ausnahme der Beispielkapitel) ist eine Übungsaufgabe zur Seite gestellt, die in Seminaren, aber auch im Selbststudium Anwendung finden kann.

Rudolf Schmitt
Julia Schröder
Larissa Pfaller

Inhaltsverzeichnis

Metaphern und metaphorische Konzepte – kognitive Linguistik nach Lakoff und Johnson

Das erste Kapitel stellt den Metaphernbegriff der kognitiven Linguistik vor, der mit seiner Orientierung an der Alltagssprache für qualitative Forschung vielversprechend ist. Weitere Themen sind

- die Clusterung von Metaphern zu metaphorischen Konzepten,
- ein kurzer Abgleich mit älteren Metaphern-Definitionen, und
- ein kurzer Ausblick auf die Metaphernanalyse als Sinn verstehende sozialwissenschaftliche Forschungsmethode.

1.1 Was ist eine Metapher?

Gleich zu Beginn: Was eine Metapher ist, ist alles andere als unumstritten. Max Black, der die metapherntheoretische Debatte seit den 60ern mitbestimmte, vermeidet beispielsweise nicht nur eine operationalisierbare Definition, sondern rät sogar explizit von ihr ab:

> Metapher ist bestenfalls ein unscharfer Begriff, und wir müssen uns davor hüten, ihn strengeren Verwendungsregeln zu unterwerfen als in der Praxis tatsächlich zu finden sind (Black 1983, S. 59).

Der Linguist George Lakoff und der Sprachphilosoph Mark Johnson gehen den entgegengesetzten Weg und bieten eine explizite und hierbei gleichzeitig radikal einfache Definition an:

▶ „The essence of metaphor is understanding and experiencing one kind of thing in terms of another." (Lakoff und Johnson 1980, S. 5)

© Springer Fachmedien Wiesbaden GmbH, ein Teil von Springer Nature 2018
R. Schmitt et al., *Systematische Metaphernanalyse*,
https://doi.org/10.1007/978-3-658-21460-9_1

Metaphorisches Sprechen bedeutet also, dass ein Phänomen in Eigenschaften eines anderen verstanden und erlebt (und entsprechend auch sprachlich ausgedrückt) wird. Entscheidend ist, dass damit eine relationale, und keine substanzielle Definition einer Metapher vorgelegt wird: Ob ein Wort eine Metapher ist oder nicht, hängt davon ab, ob es in übertragenem Sinn gebraucht wird. So kann man wörtlich in einem „Glashaus" sitzen und sollte nicht mit Steinen um sich werfen, man kann metaphorisch in einem „Glashaus" sitzen (und sollte nicht mit Steinen des sozialen Anstoßes um sich werfen) und man kann aber auch beides gleichzeitig, nämlich wörtlich und metaphorisch zugleich im „Glashaus" sitzen. Alle drei Unterscheidungen sind davon abhängig, ob es Beobachter/innen gibt, die mit ihrem sprachlichen und situativen Verständnis diese Unterscheidung treffen können.

Diese Definition von Metapher – das Verstehen und Erleben eines Phänomens in Eigenschaften eines anderen – ist der Kern des im Jahr 1980 von den beiden Autoren mit drei Folgepublikationen (Lakoff 1987; Johnson 1987; Lakoff und Johnson 1999) veröffentlichten Buches *Metaphors We Live By*. Die in dieser einfachen Klarheit liegende Überzeugungskraft führte dazu, dass nach 1990 kaum noch sozialwissenschaftliche Forschungsveröffentlichungen zur Metaphorik erschienen, die keinen zustimmenden oder ablehnenden Bezug zu den darin aufgestellten Konzepten metaphorischer Sprache hatten (Überblick in: Schmitt 2017a, S. 191–437).[1]

Neben der Radikalisierung des Metaphernbegriffs fällt eine besondere Pointierung auf: Lakoff und Johnson interessieren sich nicht für besonders interessante, also rhetorisch oder literarisch auffällige Metaphern, sondern für die ganz basalen Metaphern der Alltagssprache: Das Leben als Weg („Sie wird ihren Weg gehen"), Gefühle in der räumlichen Verortung von „oben" und „unten" („niedergeschlagen sein"), die zur Beschreibung von Krankheiten („mit einer Krankheit ringen") wie von Diskussionen („treffende Argumente") als leibhafter „Kampf". Diese alltäglichen Metaphern sind für den von Lakoff und Johnson begründeten Denkansatz auch nicht als einzelne Redewendungen interessant, sondern als Dokumente gemeinsamer kognitiver Strukturen.

Wir wollen aber gleich vor einem Missverstehen der Selbstetikettierung „kognitive Linguistik" warnen: Die damit bezeichnete Theorie zielt nicht auf kognitive Muster im Sinne bewusster Denkprozesse, sondern auf ein nicht

---

[1]Leider präsentiert auch die aktuelle deutsche Ausgabe (2018) den Stand von 1980, ihr fehlt das kritische und korrigierende Nachwort der englischen Fassungen späterer Ausgaben (ab Lakoff und Johnson 2003).

bewusstes mentales Verarbeiten von Schemata (im weitesten Sinn). Ferner ist das Adjektiv „kognitiv" verwirrend, weil die in den Sozialwissenschaften und der Psychologie übliche Sozialisation, Kognitionen als individuelles, nicht-emotionales und handlungsentkoppeltes Phänomen zu verstehen, den Terminus bei Lakoff und Johnson missdeuten lässt: Sie verstehen metaphorische Konzepte als Muster, die gleichermaßen Körper, Emotionen, Denkvorgänge, Handlungen und kulturelles Hintergrundwissen organisieren (Lakoff und Johnson 1999, S. 11 f.). Aber gerade dieser breite Begriff von „kognitiven Mustern" ist anschlussfähig an die qualitative Forschung.

▶ **Kognitive Linguistik** Der Terminus „kognitiv" umfasst bei Lakoff und Johnson neben (im engeren Sinn) kognitiven auch sensorische, emotionale, handlungsbezogene und kulturelle Phänomene.

Die folgenden Beispiele entstammen einer Studie zum Erleben einer an Brustkrebs erkrankten Frau (Schmitt 2013a), in der Formulierungen der Selbst- und Weltbeschreibung auffallen, die auch im Umgang mit Maschinen verwendet werden. Verdeutlicht werden sollen an diesem Beispiel die beiden elementaren Bereiche, die es bei der Identifikation von Metaphern zu unterscheiden gilt – den Quellbereich einer Metapher und den Zielbereich einer Metapher:

- arbeitsmäßig, war's immer noch so, dass ich *auf Hochtouren lief*
- und war *von 100 auf 0* und dann mit dieser Krebsdiagnose
- Ich war ja durch die Erkrankung und durch die Behandlung *auf Null gefahren*
- jetzt machste wieder eins nach dem andern. Das eh ist der krasse Gegensatz zu dem früheren Leben, ja, wo ich auch *multitaskingmäßig alles gemacht hab*
- Und wenn das nicht so *läuft,* dann ist es nicht die Sache, die nicht *läuft,* sondern dann sind es die Menschen, die *nicht funktionieren,* wie ich das gerne hätte.

▶ **Der Quellbereich** einer Metapher bezeichnet den Erfahrungsraum, aus dem sprachliche Wendung speist. Der **Zielbereich** einer Metapher bezeichnet das Phänomen, über das gesprochen wird.

Die kursiv gesetzten Formulierungen sind nach Lakoff und Johnson als Metapher zu verstehen, da sie Ordnungsmuster eines konkreten lebensweltlichen Quellbereichs (hier: die alltägliche Erfahrung von Maschinen als Autos, Staubsauger, Computer etc.) auf einen abstrakten und komplexen Zielbereich (hier: Lebensführung) übertragen. Diese Übertragung dient der konstruierenden Versprachlichung des Zielphänomens ebenso wie seiner sozialen Rezeption.

Dabei „erfindet" die Betroffene diese Konzeption nicht selbst und situativ, vielmehr knüpft sie an ein gängiges soziales Deutungsmuster des Menschen als Maschine an: In den markierten Redewendungen lässt sich dieses als gemeinsamer Quellbereich der Metapher, in diesem Fall eine sehr konkret-sinnliche Erfahrungsbasis, rekonstruieren: die Selbstwahrnehmung als „auf Hochtouren laufende Maschine", wahlweise als gut „multitaskingmäßig" moderne Maschine in Form des Computers.

Gleichzeitig beziehen sich diese Äußerungen zur Maschine auf einen gemeinsamen Zielbereich, nämlich die Beschreibung von Lebendigkeit und einem erfüllten Leben, die in der Kontrastformulierung, durch die Behandlung „auf Null gefahren" worden zu sein, erst recht als Synonym für Lebendigkeit stehen.

▶ **Regel zur Identifikation von Metaphern** Eine Metapher liegt dann vor, wenn:

a) ein Wort oder eine Wendung in einem strengen Sinn in dem für die Sprechäußerung relevanten Kontext mehr als nur wörtliche Bedeutung hat,

b) die wörtliche Bedeutung einem prägnanten Bedeutungsbereich (Quellbereich) entstammt,

c) und gleichzeitig auf einen zweiten, oft abstrakteren Bereich (Zielbereich) übertragen wird (Lakoff und Johnson 1980, S. 10,14).[2]

Das Vorhandensein eines Quellbereichs, eines Zielbereichs und der Nachweis, dass hier Denkmuster von ersterem in den zweiten übertragen werden, führen zu einer sehr weiten Definition von Metapher – für Lakoff und Johnson umfasst diese nämlich alle Redewendungen, in denen Bedeutungen von einer Bildquelle auf ein Bildziel übertragen werden. Rhetorische Differenzierungen wie Sprichwort, Symbol, Chiffre, Vergleich und Allegorie werden aufgegeben. Lakoff und Johnson interessieren sich nur für die Übertragung von Bedeutung von einem Bereich in einen anderen.

Zudem legen sie nahe, dass diese Übertragung von einfacheren, körpernahen und sinnlich konkreten Quellbereichen auf meist abstrakte und komplexe Zielbereiche vorgenommen wird:

---

[2]Eine kleine, über Lakoff und Johnson hinausgehende Erweiterung dieser Definition wird im achten Kapitel entwickelt.

the less clearly delineated (and usually less concrete) concepts are partially under-stood in terms of the more clearly delineated (and usually more concrete) concepts, which are directly grounded in our experience (Lakoff und Johnson 1980, S. 109).

Diese „Unidirektionalitätshypothese" der Übertragung von sinnlich-konkreten auf abstrakte Phänomene lässt sich mit vielen Beispielen belegen, so das Wort „Lebensweg", wenn etwas Abstraktes wie das Leben (Zielbereich) als Weg (Quellbereich) gedacht wird. Sie ist jedoch notwendigerweise vage, denn was für einzelne Beobachtende konkret ist, ist für andere abstrakt: So scheinen Maschi-nen für die oben genannte Brustkrebserkrankte eine sinnliche Konkretheit zu haben, die sie aus dem kulturell üblichen Bedeutungsreservoir auswählt. Jäkel formuliert, dass die Hypothese der Übertragung von einfachen auf komplexe Bereiche

nicht mehr und nicht weniger eine Tendenz oder Präferenz darstellt; eine in ihrer Erklärungskraft sehr leistungsfähige Regel, die aber nicht ohne Ausnahme gilt (Jäkel 2003b, S. 84).

Als „leistungsfähige Regel" knüpft die Hypothese einer Übertragung von frühen und einfachen Erfahrungen auf spätere und komplexere Phänomene sowohl an die Idee der Bindungsübertragungen im psychoanalytischen Sinn (Schmitt 2017a, S. 362–372) sowie vor allem an Piaget und die Entwicklungspsychologie an (Schmitt 2017a, S. 381–386). Hier nur psychologisch zu argumentieren, würde aber übersehen, dass wir Metaphern nur selten spontan erfinden, sondern sehr viel eher das kulturelle Reservoir gegebener Metaphern, in dem wir sozialisiert wurden, als vorgegebene Ausdrucksmittel nutzen. Schmitt (2017a, S. 179–186) diskutiert anhand der Überlegungen Bergers und Luckmanns, dass Metaphern kulturelle „Typisierungen" darstellen, die kollektiv-übliche, damit „einfach" gewordene Vorstellungen als Quellbereich nutzen.

1.2 Metaphern funktionieren nicht alleine: metaphorische Konzepte

Die oben genannten Beispiele einer Brustkrebserkrankten von den „Hochtouren" bis zum „Herunterfahren" ließen sich zusammenfassen unter der Überschrift: „Lebendigkeit ist das Funktionieren einer Maschine". Genau das ist eine wesentliche Neuerung der kognitiven Linguistik, die entschiedener als in älteren Metapherntheorien formuliert, dass Metaphern in der Regel nicht ohne Zusammenhang auftreten, sondern sich bündeln lassen. Lakoff und Johnson bezeichnen solche Bündel als „metaphorische Konzepte".[3]

▶ **Metaphorische Konzepte** Metaphern treten in der Regel nicht als einzelne Wendung auf, sondern sind Dokumente metaphorischer Konzepte. Metaphern mit gleichem Ziel- und Quellbereich lassen sich demnach zu metaphorischen Konzepten bündeln.

Metaphorische Konzepte fassen mehrere metaphorische Redewendungen zusammen, die aus einem gemeinsamen (meistens sinnlich-konkreten) Bereich von Erfahrung auf einen (meist abstrakten) Bereich übertragen werden, wie sich an der Gegenüberstellung zweier unterschiedlicher Konzepte für „Liebe" zeigen lässt:

Liebe ist Einheit (und Einverleibung)
eins werden, *ein Herz und eine Seele sein,* meine bessere *Hälfte, Vereinigung,* jmd. *vernaschen*

Liebe ist ein (gemeinsamer) Weg
ihre Wege *kreuzten sich,* sie *kamen sich nahe,* sie *gingen miteinander,* dann *ging es auseinande*r und *jeder seiner Wege,* sie ließen sich *scheiden,* am *Scheideweg* sein

Die Formulierung eines Konzepts hilft, Überinterpretationen einzelner Metaphern zu vermeiden, weil ein breiterer semantischer Kontext als Beleg gesucht wird. Solche Formulierungen sollten gegenstandsangemessen sein und der Eigentümlichkeit der lokalen Denk- und Handlungszusammenhänge folgen. Ein weiterer wichtiger Hinweis der kognitiven Metapherntheorie besteht darin, dass Übertragungen immer nur begrenzte Strukturierungen erbringen, und zu anderen Metaphorisierungen in Konkurrenz stehen. Wie eben an dem Beispiel zu „Liebe" lässt sich für das erwähnte Interview zur Krebserkrankung die gelebte Weltsicht zeigen, die Krebserkrankung als Kampf zu begreifen:

Bewältigung von Krebs ist Kampf
• da kam auch immer wieder dieser alte *Kampfgeist in mir auf*
• Und ich glaube, damit hatte sie *gewonnen* (Ärztin in der Chemotherapie)

---

[3]Die deutsche Übersetzung (1998 und später) des Buches von 1980 schlägt den Terminus „Strukturmetaphern" für „metaphorische Konzepte" vor – dies hat sich allerdings nicht durchgesetzt.

- aber ich hab so lange mit [Hausarzt] *rumgezackert,* dass ich fast das gute Verhältnis, das wir hatten und worauf ich auch stolz bin und das mir wichtig ist, hab ich auf's Spiel gesetzt
- es ist ein *Kampf, ein ganz kleiner Kampf* gegen die sozialen Ungerechtigkeiten. Ich hab viel mit Krankenkassen *gezackert*

Neben der oben erwähnten Maschinen-Metapher spielt für die Selbstdefinition der Erkrankten also das Bild des Kampfs eine große Rolle. Weitere Bilder (z. B. der Eingeschlossenheit in eine räumliche Enge) komplettieren ein individuelles „patchwork" an Sinngebungen. Sowohl das Selbstbild als Kämpfende wie als funktionierende Maschine stehen nebeneinander und ergeben – mit anderen Metaphern – ein spezifisches Muster für die untersuchte Person (Schmitt 2013a) oder auch für Gruppen (Schmitt 1995). Metaphorische Übertragungen sind damit nicht beliebig und rein individuell, sie greifen in ihren subjektiven oder subkulturellen Realisierungen kulturelle Deutungsmuster selektiv und partiell auf (Lakoff und Johnson 1980, S. 52–55).

Lakoff und Johnson gehen davon aus, dass die Zahl möglicher konkreter sprachlicher Metaphern unbeschränkt, die Zahl metaphorischer Konzepte – und damit die Zahl der kognitiven Muster – dagegen beschränkt ist. Sie geben hierzu Übersichtslisten wichtiger metaphorischer Konzepte vor (Lakoff und Johnson 1999, S. 50 ff.) und gehen zunächst von 24 zentralen alltäglichen metaphorischen Konzepten („primary metaphors") aus, die sie vor allem Themen des Wissens und der Wahrnehmung zuordnen. „Primäre" Metaphern sind entwicklungspsychologisch früh erworbene metaphorische Konzepte wie „Wissen ist Sehen", die sich auf körpernahe Erfahrungen stützen. Hingegen sind „komplexe" metaphorische Konzepte („ein zielgerichtetes Leben ist eine Reise") aus primären Metaphern zusammengesetzt und enthalten kulturell spezifischere Wahrnehmungsmuster. Lakoff und Johnson sprechen von „cultural models, folk theories, or simply knowledge or beliefs that are widely accepted in a culture" (ebd., S. 60). Freilich lässt sich die Grenze zwischen primären und komplexen Metaphern nicht klar bestimmen, schon gar nicht durch die Hoffnung auf eine überschaubare Zahl elementarer Bausteine; sie resümieren: „There are hundreds of primary metaphors." (ebd., S. 59) Auch eine klare gegenteilige Unterscheidung, ab wann eine Metapher als komplex gilt, wird von den Autoren nicht gegeben und muss, wie so oft bei Lakoff und Johnson, den Beispielen entnommen werden.

▶ Evans und Green (2007, S. 307–310) referieren drei Kennzeichen für komplexe metaphorische Konzepte:

a) Ein komplexes metaphorisches Konzept umfasst mehr als eine Übertragung und organisiert das Verhältnis mehrerer metaphorischer Konzepte zueinander;
b) ein komplexes Konzept ist im Quellbereich so umfassend, dass nicht alle Elemente für den Zielbereich genutzt werden;
c) ein komplexes Konzept ist oft nicht deutlich sensorisch oder körperlich fundiert.

1.3 Ein Blick zurück zu älteren Begriffen der Metapher

Die Geschichte konkurrierender Metapherntheorien ist schon mehrfach erzählt (vgl. Debatin 1995; Schmitt 1995; S. 66–75; Bertau 1996; Jäkel 2003b, S. 85–112). Auf die gründliche Rekonstruktion anderer Metapherndefinitionen wird hier verzichtet, weil qualitativ orientierte metaphernanalytische Forschung – so auch die hier vorgestellte – sich in aller Regel auf die kognitive Metapherntheorie nach Lakoff und Johnson beruft und nur äußerst selten andere Theorien hinzugezogen werden (Schmitt 2017a, S. 191–437). Bei solchen Nennungen sind regelmäßig forschungsmethodische Probleme zu konstatieren, da kein anderer Metaphernbegriff die Tiefe und Vernetztheit alltäglicher Metaphorik erfasst. Die folgenden Zeilen haben daher vor allem die Funktion, die Besonderheit des Metaphernbegriffs der kognitiven Linguistik vor dem Hintergrund der Begriffsgeschichte zu skizzieren, gleichzeitig aber zu zeigen, dass dieser nicht als völlige Neuerscheinung in der bisherigen Metapherndiskussion zu sehen ist. Im Wesentlichen lassen sich neben der kognitiven Linguistik fünf Hauptstränge der metapherntheoretischen Diskussionen unterscheiden.

Die Metapher als Ersatz oder als Vergleich
In dieser Perspektive werden Metaphern als Ersatz einer buchstäblichen Bezeichnung durch eine bildliche Formulierung verstanden, diese Definitionen werden daher auch als „Substitutionstheorie" zusammengefasst. In einer Erweiterung werden Metaphern als verkürzte Vergleiche verstanden – wenn zum Beispiel ein Mensch als „Fuchs" beschrieben wird, dann kann die Metapher „Fuchs" als Ersatz für die Adjektive „klug, gerissen" stehen oder aber als verkürzter Vergleich gesehen werden: „Dieser Mensch ist so schlau wie ein Fuchs." Diese Auffassungen gehen bis auf Aristoteles zurück (Bertau 1996, S. 45 ff.) und sind im letzten Jahrhundert von Grice (1972) und Searle (1993) erneuert worden (vgl. Bertau 1996, S. 274–277). Metaphern gelten in diesen Ansätzen als Abweichung von

einem buchstäblich „richtigen" Sprachgebrauch. Damit ist die Leistung der Metapher als neue, irritierende oder poetische Sichtweise auf einen Gegenstand zu fassen. Alltägliche Metaphern werden mit dieser Definition nicht erfasst.

Die Metapher als Erzeuger einer kognitiven Spannung
Weinrich (1983, S. 330 f.) grenzt sich von der Vergleichstheorie ab, indem er davon ausgeht, dass Metaphern nicht vorhandene Ähnlichkeiten abbilden, sondern diese erst stiften. Ähnlich beschreibt Ricœur (1983, S. 361) die Metapher als kontextuelle Bedeutungsveränderung, von der aus man den Text erklären wie vom Text wiederum die Metapher verstehen müsse. Metaphern würden einen neuen Zusammenhang aktiv herstellen (ebd., S. 375; vgl. Ricœur 1991). In diesen Definitionen bleiben Metaphern das Abweichende und (kreativ) Störende. Ein systematischer Sinn der alltäglichen Metaphern ist vor dem Hintergrund dieser Definitionen nicht zu eruieren. Dies wird insbesondere von Ricœurs Unterscheidung zwischen „lebendigen" und „trivialen" oder als „tot" bezeichneten Metaphern verhindert – eine Unterscheidung, die selbst eine metaphorische Konzeptualisierung der Metapher als Lebewesen („lebendig", „tot") zum Ausdruck bringt, von den damit verbundenen Wertungen durch diese Metaphorik ganz abgesehen (vgl. Ricœur 1991, S. 28). Die Metaphorik, die uns „konditioniert", wird von diesen Ansätzen nicht erfasst (Villwock 1982; Debatin 1995, S. 126–132).

Die Metapher als pragmatisches Phänomen
In der deutschsprachigen Diskussion hat insbesondere Nieraad (1980) Metaphern nicht als Textphänomen, sondern als alltagssprachliche Handlungsanweisung verstanden. Er skizziert vier Entstehungs- und Funktionsbedingungen von Metaphern: Umschreibung tabuisierter Sachverhalte, pädagogische Absicht, Mitteilung neuer Sachverhalte und künstlerische Funktion. Das Verdienst dieses und der ihm folgenden Ansätze besteht darin, soziale und situative Kontexte der Metaphernverwendung wie ihrer Erkennung beschreiben zu können (Jäkel 1997a).

Die Metapher als Resultat der Interaktion von Bedeutungen
Der Sprachpsychologe Bühler begründete die Auffassung, die Metapher sei ein Sehen eines Gegenstandes durch einen anderen (Schmitt 2001). Er veranschaulicht seinen Begriff der Metapher durch die Metapher eines Projektionsapparates: Schickt man Licht durch zwei verschiedene Muster, die als Diapositive in einem solchen Apparat hintereinanderstehen, so resultiere ein „Differenzbild": Ähnlich habe man sich das oben beschriebene Beispiel, einen Menschen als Fuchs zu beschreiben, als Sehen des Menschen durch die dazwischengeschalteten Vorstellungen dieses Tieres vorzustellen (Bühler 1934, S. 342–356). Diese Interpretation

der Metapher als Projektion bzw. Interaktion zweier Sphären hat viele Theoretiker nach ihm beeinflusst, unter anderem Max Black. Für Black kommt die Metapher dadurch zustande, dass auf den Hauptgegenstand ein System von „assoziierten Implikationen" angewandt wird, das für den untergeordneten Gegenstand kennzeichnend ist. Damit betone und unterdrücke die Metapher charakteristische Züge des Hauptgegenstands (Black 1983, S. 75 f.) Die kognitive Funktion derselben beschreibt er in einem späteren Aufsatz mit einer eindrucksvollen Metapher: „Jede Metapher ist die Spitze eines untergetauchten Modells." (ders. 1983b, S. 396). Diese Idee eines Modells von Metaphern, deren Wirksamkeit nicht gleich ersichtlich ist, lässt sich als Vorgriff auf die im weitesten Sinn kognitive Funktion der Metapher bei Lakoff und Johnson lesen. Freilich zeigen sich Vertreter dieser Richtung oft wenig interessiert an alltäglichen Metaphern (vgl. Debatin 2005, S. 97–102), sodass sich hier kaum Anschlussmöglichkeiten an die qualitative Forschung finden lassen.

Metaphern als lebensweltlicher Rückhalt des Denkens: Blumenberg

Auch wenn Blumenberg noch zu denen gehört, die eine Metapher als Störung wahrnehmen (Blumenberg 2007, S. 61, 97), und daher auf auffällige Metaphern rekurriert, so gehört er doch zu denen, die davon überzeugt sind, dass diese Störung durch Umschreibung oder bessere Begriffe nicht aufzuheben ist. Er formuliert die Möglichkeit einer „absoluten" Metapher, die sich nicht mehr in Logik auflösen lasse (Blumenberg 1960, S. 9). Er nimmt die Metapher als „Modell in pragmatischer Funktion", als „katalytische Sphäre", welche die Begriffswelt bereichert, aber nicht von ihr aufgezehrt werden kann (ebd., S. 10). Begriffliche Definitionen schöpfen Erfahrungen nicht aus; als Beispiel macht er an dem Begriff der „Zeit" deutlich,

> dass diese Defizienz des Begriffs der Zeit in allen ihren versuchten Bestimmungen offenbar darin Ausdruck findet, dass die Metaphorik des Raums darin vorkommt und nicht zu eliminieren ist (Blumenberg 1971, S. 166).

In diesem Sinn ist seine Metaphorologie eine Suche nach der „Substruktur des Denkens" (ebd. 1960, S. 11). Er versucht dies zu präzisieren, indem er untersucht, worauf die Metapher antwortet: Sie ist eine Antwort auf Fragen „präsystematischen Charakters" (ebd., S. 13), auf Fragen, die vor der Beschränkung der Begrifflichkeit und des Nachdenkens auf eine wissenschaftliche Disziplin entstehen: Die Frage nach der Wahrheit, die Frage nach dem Ganzen der Welt, Fragen nach der Zukunft. Damit transportierten Metaphern Orientierungen und Modellvorstellungen, deren Wahrheit in dreifachem Sinn pragmatisch sei:

- Sie bestimmen als ein Anhalt von Orientierungen ein Verhalten,
- sie geben der Welt Struktur,
- sie repräsentieren das nie übersehene Ganze der Realität.

Fazit des Rückblicks

Lakoff und Johnson sind nicht die Ersten, die den kognitiven Wert auch der alltagssprachlichen Metaphorik formulieren. Ihnen ist vorgehalten worden, dass sie ohne Diskussion ihrer Vorgänger ein wenig den Eindruck erwecken, ihre Theorie aus dem Nichts entwickelt zu haben (Baldauf 1997, S. 285–289). Zum Beispiel haben Jäkel (1997a, b, 2003b, S. 113–130), Nerlich und Clarke (2001) sowie Döring (2005, S. 62–122) die Leistungen unter anderem von Blumenberg, Weinrich, Nieraad und Black im Hinblick auf die spätere kognitive Metapherntheorie diskutiert. So können diese Ansätze in ihren Übereinstimmungen so zusammengefasst werden:

- Diese Autoren gehen davon aus, dass Metaphern als unverzichtbares Element der Sprache und des Denkens wirken. Sie können deshalb nur sehr begrenzt in Begriffe aufgelöst und keinesfalls durch eine metaphernfreie Sprache ersetzt werden.
- Alle Autoren bemühen sich darum, weniger einzelne Metaphern zu untersuchen als vielmehr den gemeinsamen Sinn von vielen Metaphern zu erfassen.
- Lakoff und Johnson beziehen wie Weinrich und Blumenberg Sprache und Denken eng aufeinander; die Analyse der Sprache wird zu einer Analyse der Modelle des Denkens.
- Metaphorisches Denken ist für alle vier Autoren immer soziohistorisch verortet und damit ein Ausdruck einer bestimmten Kultur und Zeit; die Studien Blumenbergs betonen diesen Aspekt am stärksten.

Jäkel (2003b, S. 129) sieht nachvollziehbar die größte Ausdifferenzierung einer Theorie der Metapher bei Lakoff und Johnson. Ungleich stärker als Blumenberg oder Weinrich fokussieren Lakoff und Johnson die Alltagssprache als Ausgangspunkt ihrer Überlegungen. Jedoch bedürfen einzelne Annahmen und Vorgehensweisen der kognitiven Metapherntheorie der Modifikation, wenn sie als analytisches Instrument in der qualitativen Forschung dienen soll.

1.4   Ausblick: Was will die Metaphernanalyse in der qualitativen Sozialforschung?

Lakoff und Johnson gebrauchen eine Rhetorik, als seien metaphorische Konzepte wie Gegenstände oder naturwissenschaftliche Konstanten „gefunden" worden, und unterliegen damit einem „szientistischen Selbstmissverständnis", das in der Reflexion der kognitiven Metapherntheorie noch diskutiert wird (Kap. 4). Die hier vorgeschlagene Methode der Metaphernanalyse hingegen rekonstruiert metaphorische Konzepte als Muster von sozial vorstrukturierten Sinnangeboten. Dieses Anliegen ist in den Ausgangsschriften der kognitiven Metapherntheorie nur implizit enthalten. Lakoff und Johnson betrachten metaphorische Konzepte in der Publikation von 1999 sogar als neurobiologische Konditionierung, als seien sie naturwissenschaftliche Phänomene. Sicher hat jede Denkleistung wie kulturelle Symbolik auch ein physiologisches Korrelat – die Kultur- und Erfahrungsbestimmtheit komplexer metaphorischer Konzepte geht jedoch nicht darin auf. Ganz im Gegensatz dazu kommen die politischen Schriften von Lakoff z. B. zu den impliziten Leitbildern der amerikanischen Konservativen und der Liberalen (Lakoff 2002) völlig ohne neurobiologische Überlegungen aus. Deutlich wird in beiden Fällen, dass die beiden Autoren es nicht als Sinn verstehendes Forschen begreifen, wenn sie Metaphern erkennen, gemeinsame Sinnübertragungen von einzelnen Metaphern als Konzept formulieren und Interpretationen davon ableiten. Es liegt daher nahe, eine sozialwissenschaftliche Metaphernanalyse in den Rahmen eines hermeneutischen Verstehens zu integrieren. Je nach kulturellem Kontext und je nach Phänomen sind in dieser Perspektive andere metaphorische Konzepte möglich – auf diese hermeneutische Repositionierung des Begriffs des metaphorischen Konzepts wird später ausführlicher eingegangen.

Neben der Rekonstruktion einzelner metaphorischer Konzepte interessiert darüber hinaus, wie sehr ein metaphorisches Konzept den Diskurs dominiert oder sich mit anderen verbindet bzw. ob Bruchstellen und Widersprüche zwischen unterschiedlichen metaphorischen Konzeptualisierungen zu finden sind. In manchen qualitativen Verfahren wird zuweilen eine einzige Metapher fokussiert und damit überinterpretiert – davon grenzt sich der hier vorgestellte Vorschlag ab, weil die damit verbundene Annahme von der Zentralität einer einzigen Metapher nicht geteilt wird und den vielseitigen Facetten des zu untersuchenden Phänomens Raum gegeben werden muss, um es in seiner jeweiligen empirisch vorliegenden Form umfassend zu begreifen.

▶ Für eine systematische Metaphernanalyse als Methode der qualitativen Sozialforschung gilt: Metaphern werden als Träger von sozialen Sinnstrukturen verstanden. Sie ist damit Teil einer hermeneutischen, also Sinn verstehenden und rekonstruktiven Forschung.

Aufgabe
- Versuchen Sie in einem ersten Schritt, im folgenden Zeitungstext umgangssprachliche Metaphern zu erkennen.
- Versuchen Sie in einem zweiten Schritt Metaphern mit dem gleichen Zielbereich und dem gleichen Quellbereich zusammen zu stellen.
- Welche Bewertungen enthalten die einzelnen Metaphern bzw. metaphorischen Konzepte?

Der Standard, 21. Juli 2014, 12:07 http://derstandard.at/2000003337142/Wissenschaftrat-warnt-vor-Dr-light

Wissenschaftsrat warnt vor „Dr. light"
Wissenschaftler sorgen sich um zu geringe Hürden für Promotionen

Wien – Der Wissenschaftsrat plädiert für höhere Akkreditierungshürden für Hochschulen und warnt vor einer Verwässerung der Promotion. Derzeit seien in Österreich „Tendenzen zu einem Dr. light erkennbar, das heißt einer Promotion, die kein hohes Forschungsniveau und kein breites fachliches und disziplinäres Umfeld, wie international üblich, zur Voraussetzung hat", heißt es in einer Stellungnahme des Rats.

Als Beispiel für diese Entwicklung führt das zur Beratung von Wissenschaftsminister und Nationalrat eingerichtete Gremium das Promotionsrecht für Privatunis sowie neuerdings der Donau-Uni Krems sowie die Diskussion um ein solches für die Fachhochschulen an. Gleichzeitig stellt sich für den Rat die Frage, „ob die Akkreditierungshürden im Wissenschaftsbereich nicht zu niedrig liegen und damit zu einer Nivellierung des wissenschaftlichen und institutionellen Niveaus führen". Dies sei etwa dort der Fall, „wo privaten Einrichtungen, die zum Teil nicht einmal ein Fach oder eine Disziplin in allen ihren Teilen abdecken oder nur in geringem Maße über ein überzeugendes Forschungspotenzial verfügen, der Status einer Universität zukommt" (APA, 21.07.2014).

Hinter den Metaphern und Konzepten: Frühe Schemata

Im ersten Kapitel wurden zwei Differenzierungen eingeführt: einzelne *metaphorische Redewendungen* und *metaphorische Konzepte* als Bündelung einzelner metaphorischer Formulierungen, die sowohl im Quellbereich als auch im Zielbereich übereinstimmen. Das Instrumentarium von Lakoff und Johnson ist damit aber noch nicht ausgeschöpft: Die Vielzahl einzelner Metaphern und metaphorischer Konzepte lässt sich auf wenige, wiederkehrende, aber elementare Schemata zurückführen, die grundsätzlich die menschliche Wahrnehmung strukturieren.

▶ Hinter Metaphern und metaphorischen Konzepten stehen typische Metaphern generierende Schemata. Sie repräsentieren basale und in der Entwicklung früh erworbene Wahrnehmungsmuster.

2.1 Metapherngenerierende Schemata I: der Raum

Lakoff und Johnson beschreiben bereits in der Publikation von 1980 räumliche Muster als Generator von Metaphorisierungen (als „orientational metaphors" bzw. „orientierende Metaphern", vgl. Lakoff und Johnson 1980, S. 14 ff.; dies. 2018, S. 22 ff.). Die Formulierungen, einen „Überblick" über die Diskussion zu gewinnen bis hin zur „Höhe" einer Erkenntnis, die an „Hoch"schulen stattfindet, nach dem Genuss alkoholischer Getränke „abzuheben" oder infolge unerwarteter Beziehungsanbahnung „im siebten Himmel" oder anderen Formen einer „Hochstimmung" zu sein, „high" zu sein oder eine „hohe" Motivation in sich zu verspüren, bieten ein Ende eines räumlichen Spektrums an, dessen Gegenteil sich aus „niederschmetternden" Nachrichten und anschließenden Zuständen, „down" zu sein oder zu „versumpfen" bis hin zur „Depression" (lat. deprimiere: herunterdrücken,

© Springer Fachmedien Wiesbaden GmbH, ein Teil von Springer Nature 2018
R. Schmitt et al., *Systematische Metaphernanalyse*,
https://doi.org/10.1007/978-3-658-21460-9_2

lat. depressus: niedrig gelegen) zusammensetzt. Diese Redewendungen folgen einem räumlichen Muster, ohne dass schon ein konkretes Konzept zu formulieren wäre. Der metaphorische Mechanismus ist sehr allgemein und wird in den späteren Publikationen von Lakoff und Johnson als schemabasierter Prozess („kinaesthetic image schemas", Johnson 1987, S. 2 f.) reformuliert. Lakoff und Johnson zählen hierzu alle sprachlichen Hinweise, die auf eine räumliche Strukturierung von Kognitionen und Emotionen schließen lassen.

Oft sind es einfachste Präpositionen und Adjektive, welche diese Form der Metaphorisierung anzeigen. So lassen sich auf der Basis der räumlichen Orientierung von oben und unten konzeptuelle Zuweisungen für Gefühle generieren: Freude und Erfolg sind „oben", Trauer und Verlust sind „unten". Diese räumliche Konzeptualisierung von Gefühlen geht auf eine unmittelbare sinnliche Erfahrung des Raums zurück, der die metaphorische Konzeptualisierung folgt. Auch komplexere Themen wie „gesellschaftliche Anerkennung" können solchen einfachen räumlichen Mustern folgen; die folgenden Beispiele sind aus Hausarbeiten von Studierenden der Sozialen Arbeit entnommen (Schmitt 2014):

- Im Gegensatz zu Alkohol und anderen Drogen hat Arbeit *einen sehr hohen gesellschaftlichen Status* inne
- bei Berufen wie Landwirt oder Kraftfahrer aber auch die Mutterrolle, die in vergangen Zeiten *einen wesentlich höheren gesellschaftlichen Wert* hatten
- Wenn Frauen *niedrigeren Positionen in solchen Gesellschaften* haben, dann werden sie auch weniger geschätzt und geachtet.
- Wir haben Angst *in der Gesellschaft auf der untersten Stufe* enden zu können

Die Adjektive „hoch" und „unten" und ihre Derivate organisieren die Wahrnehmung eines komplexen Phänomens, hier der gesellschaftlichen Anerkennung, in einer einfachen Dichotomie. Gleichzeitig deutet sich in den Substantiven „Position", „Status" oder „Stufe" schon an, dass hier unterschiedliche metaphorische Konzepte der Stufenleitern, der Schichtungen etc. mit partiell unterschiedlichen Implikationen gebildet werden könnten. Das räumliche Schema imaginiert eine sinnlich-körperliche Präsenz und strukturiert ein komplexes Phänomen vor, differenziert es aber nur mangelhaft aus – davon abgeleitete metaphorische Konzepte werden diese Muster aufnehmen und detailreicher, aber auch differenter ausprägen.

2.2 Metapherngenerierende Schemata II: das Objekt

Die Annahme weiterer, ähnlich abstrakter metaphorischer Mechanismen neben der Raummetaphorik überschritt bereits in der Publikation von 1980 den üblichen Begriff der Metapher: Ein als „ontological metaphor" (am besten mit „vergegenständlichende Metapher" zu übersetzen) bezeichneter Mechanismus konstruiert abstrakte Phänomene als kompakte Einheit: Wenn wir vom menschlichen „Geist" reden, den jemand „hat", wird ein relationales Geschehen als Gegenstand verdinglicht. Man kann diesem Gegenstand nun weitere, gegenstandsspezifizierende Attribute hinzufügen: ein „großer" oder „kleiner" Geist, und ohne Ironie lässt sich umgangssprachlich formulieren, ein Auto hätte „den Geist aufgegeben". Es hätte nahegelegen, die ontologisierenden Schemata mit dem Begriff der „Verdinglichung" in der soziologischen Tradition von Marx bis Berger und Luckmann zu diskutieren: „Verdinglichung bedeutet, menschliche Phänomene aufzufassen, als ob sie Dinge wären, das heißt als außer- oder übermenschlich." (Berger und Luckmann 2003, S. 94 f.) Lakoff und Johnson vermeiden allerdings die weitgehend kritische Behandlung von Verdinglichung als falschem Bewusstsein oder als Vergessen, dass der Mensch Urheber der humanen Welt sei (ebd., S. 95), sondern betrachten verdinglichende Schemata als notwendige, älteste Elemente der menschlichen Wahrnehmungsorganisation.

2.3 Metapherngenerierende Schemata III: die Substanz

Eine weitere, ähnliche Möglichkeit der Verdinglichung komplexer Erfahrungen besteht darin, sie nicht als konkretes Objekt, sondern als zählbare, messbare und anhäufbare Substanz, wie etwa Sand, Mehl, Kies oder auch als Flüssigkeiten, zu konstruieren. Als quantifizierbare Substanz sind sie vor allem durch unbestimmte Mengenangaben rekonstruierbar: „viel" Wissen, „wenig" Bildung, die Anspannung „steigt" (Lakoff und Johnson 1980, S. 26 ff.). In einer Studie über metaphorische Deutungsmuster des psychosozialen Helfens (Schmitt 1995, S. 203–205) erschien Zuwendung häufig als Substanz: er bekommt „mehr" Zuwendung, „weniger" Aufmerksamkeit, „Streicheleinheiten", ich habe „viel" mit ihm geredet, er hat „wenig" Wärme erhalten. Komplexere metaphorische Konzepte können beide Formen der Verdinglichungen enthalten: z. B. psychosoziale Hilfe ist Geben und Versorgen (ebd.), in der die eben genannten Beispiele für das Substanz-Schema enthalten sind, aber auch die Verdinglichung der zuerst genannten Form: Gespräche „anbieten", Ratschläge „geben", die Hilfe „annehmen". Wie bei den orientierenden Metaphern gehen der Konzeptbildung die anderen Schema bildenden Mechanismen voraus.

2.4 Metapherngenerierende Schemata IV: der Behälter

Eine weitere elementare Orientierung bietet das Behälterschema, das eine Projektion der körperlichen Grunderfahrung eines abgeschlossenen Körperschemas auf abstrakte Erfahrungen und Begriffe darstellt. Damit werden komplexe Phänomene handhabbar, ohne dass ihnen eine solche Abgeschlossenheit zukäme: sich „öffnen" oder „verschließen" für Erkenntnisse, diese „verinnerlichen" oder „äußern", „erfüllt" sein oder sich „leer" fühlen: Die menschliche Psyche erscheint hier als Behälter; Präpositionen wie „in" oder „aus" können also auf eine Metaphorisierung hinweisen („container metaphor", Lakoff und Johnson 1980, S. 29 ff.). Weitere Beispiele der Psyche als Behälter sind: Er „kommt aus sich heraus", sie „platzt vor Wut", es „bricht aus ihm heraus", er hat einen „Sprung in der Schüssel", „Hohlkopf", sich „aufblasen", „Dampf ablassen", „Gefühlsstau". Ihre Nützlichkeit, elementare Unterscheidungen zu generieren, zeigt sich ebenfalls am Beispiel studentischer Äußerungen zum Thema Gesellschaft (Schmitt 2014):

- sexuelle Gewalt [...] dient den Männern dazu ihre Machtstruktur *in* der Gesellschaft zu verdeutlichen
- Hierbei sind so genannte „Sozialtherapeutische Wohnstätten" eine gute und effektive Möglichkeit, den Klienten wieder Schritt für Schritt *in die Gesellschaft zu integrieren*
- Nur diese Grundlagen ermöglichen einen für den Patienten erfolgreichen *Wiedereinstieg in die Gesellschaft*
- Als Ursache hierfür sieht er [Konrad Lorenz] den Reizentzug zum geregelten Aggressionsabbau durch die höhere Reglementierung *in der Gesellschaft*
- *In unserer Gesellschaft* können wir Kinder und Jugendliche beobachten, die Verhaltensauffälligkeiten zeigen

Die Wiederholung der Präposition „in" zeigt ein hartnäckiges Muster: Die Studierenden verstehen die Welt so, als sei es eine normative Vorgabe, „in" dem Behälter der Gesellschaft existieren zu müssen – wohingegen die gegenteiligen Konnotationen vom „Aussteiger" oder der „Exklusivität" nicht gefunden wurden. Damit wären wir jedoch schon bei der Interpretation von Konzepten, die vor allem durch einen Vergleich entwickelt werden – das soll später gründlicher hergeleitet werden. Zurück zum Material: In beiden Beispielen ist die Grenze zwischen metaphorischem Konzept und Metaphern generierendem Schema nur analytisch zu ziehen: Bei so unterschiedlichen Phänomenen wie „Psyche" und „Gesellschaft" entdecken wir ein Muster, das ein Innen und ein Außen konstruiert, zuweilen auch Übergänge formuliert, die signifikante Veränderungen anzeigen („vor Wut platzen", „ausgeschlossen werden"). Das einfache Behälter-Schema wird dann in spezifischen Konzepten weiter ausdifferenziert.

2.5   Metapherngenerierende Schemata V: die Person

Die Personifikation erlaubt eine fünfte schematische Komplexitätsreduktion, die Lakoff und Johnson bereits im ersten Buch (1980, S. 33 ff.) als einen weiteren metaphorischen Mechanismus behandeln.[1] In der Formulierung „Seine Religion verbietet ihm, Wein zu trinken" (ebd., S. 33) wird Religion als verbietende Person konstruiert. Diese anthropomorphisierende Fiktion legt nahe, dass diese virtuelle Person Motive, Ziele, Handlungsweisen und Eigenschaften besitzt. In der erwähnten Studie (Schmitt 2014) denken Studierende das komplexe Phänomen Gesellschaft als elterlich-strenge Person:

- Außerdem ist es elementar, sich der *Sanktionen der Gesellschaft* auf das aggressive Verhalten und deren Auswirkungen auf das Leben bewusst zu werden
- Sie beginnen die üblichen Schlankheitskuren, um den ihnen *durch die Gesellschaft* und den verschiedensten Medien *vorgegebenen* Schlankheitsidealen zu entsprechen
- Sie geben sich auf, um *den Erwartungen der Gesellschaft* zu entsprechen und erhoffen sich so Anerkennung, Zuneigung Liebe und Erfolg
- Der Zusammenstoß ergibt sich […] aus der kindlichen Hilflosigkeit und Unzulänglichkeit und *den gesellschaftlichen Leistungsanforderungen*
- Es ist zu überlegen, ob *die gesellschaftliche Forderung* nach Schlankheit nicht einen zu hohen Preis kostet

---

[1]Lakoff und Johnson behandeln die Personifikation noch in der Tradition älterer Rhetoriken als separate Form der Metaphorisierung (Lakoff und Johnson 1980, S. 33–35). In der Perspektive ihrer späteren Arbeiten (vor allem Johnson 1987) liegt es nahe, die Personifikation als Akteur-Schema zu begreifen und in der Reihe anderer metapherngenerierender Schemata zu diskutieren.

▶ Häufige Metaphern generierende Schemata sind der Raum, das Objekt, die Substanz, der Behälter und die Person.

2.6   Diskussion: Der Übergang vom Schema zum Konzept

Die genannten Muster stellen nicht alle, aber die in Analysen am häufigsten auftauchenden Schemata dar. Abstrakte Phänomene wie Liebe, Macht, Politik etc. sind oft in solchen Raum-, Substanz-, Gegenstands- und Behälterkonstruktionen oder Personifikationen fassbar, sei es, um sie zu quantifizieren („viel Liebe"), Phänomene zu lokalisieren („in der Depression") oder um kausale Vermutungen anzustellen („Bildung bewirkt, dass …"). Das ist die radikalste und am schwersten zu vermittelnde Ausdehnung des Metaphernbegriffs. Diese Überlegungen führen auch bis zur Gegenwart zu problematischen Rezeptionen[2], denn die Unterscheidung dieser Muster von metaphorischen Konzepten ist nicht immer einfach: Das Element der Übertragung von einem erlebten Bereich auf einen anderen ist bei Schemata undeutlich.

Lakoff und Johnson scheint es ähnlich gegangen zu sein, denn diese Unterscheidung wird in den Publikationen Lakoff (1987) und Johnson (1987) differenzierter ausgeführt. Sie beschreiben diese „kinaesthetic image schemas" (Johnson 1987, S. 2 f.) als einfache und gestalthafte Erfahrungen, denen noch keine Bildqualität attestiert werden kann, die jedoch schon als basale Muster in der Wahrnehmung selbst zu finden sind. Die oben genannten Gegenstands-, Substanz- und Behälterschemata werden mit räumlichen Mustern des Denkens als separate Kategorie zusammengefasst und als präverbale Schemata begriffen, die der Bildung metaphorischer Konzepte vorangehen. Die Schemata verankern nach Lakoff und Johnson auch abstraktes Denken in körperlicher Erfahrung und visueller Gestaltperzeption; dabei greifen alle diese Schemata, wie bereits für die räumlichen Schemata formuliert, auf vorbegrifflicher Ebene in Wahrnehmungen und Denkprozesse ein. Johnson (1987) versucht die wesentlichen Schemata der Wahrnehmung mit Rückgriff auf Kant als kognitive Universalien zu formulieren

---

[2]So verkennen Kruse, Biesel und Schmieder (2011, S. 80) in ihrer berechtigten Kritik, dass die Einteilung zunächst verwirrend sei, auch gleich den systematischen Unterschied zwischen metaphorischen Konzepten und Schemata und können den Gehalt Letzterer für die Erweiterung des Metaphernbegriffs nicht nutzen.

und mit Bezug auf Piaget ihre frühe körperliche, sensomotorische Fundierung zu erklären. Er begreift sie phänomenologisch als nicht weiter hinterfragbare, einfachste Grundmuster des Denkens. Die experimentalpsychologische Forschung ist hier gefolgt und kann auf eine breite Evidenz für das Vorhandensein dieser Schemata verweisen (Gibbs und Colston 2006; vgl. den Exkurs zu ‚embodiment‘ in Schmitt 2017a, S. 62–70). Das Verhältnis von Schema, metaphorischer Redewendung und metaphorischem Konzept lässt sich so darstellen:

- Konkrete metaphorische Redewendungen übertragen Bedeutungen von einem Quellbereich auf einen Zielbereich (z. B. mit Alkohol bin ich nicht „*verschlossen*").
- Metaphorische Konzepte bündeln gleichsinnige Übertragungen mehrerer metaphorischer Redewendungen (z. B. „Alkoholkonsum führt zur Öffnung der als Behälter gedachten Person" als Verdichtung mehrerer Metaphern).
- Schemata (wie z. B. das Behälterschema) sind gegenstandsunabhängige, sehr allgemeine Muster der Wahrnehmung und kommen oft in Überschneidungen bei konkreten Redewendungen vor; sie bereiten die Bildung von Metaphern vor.

Diese Revision erleichtert die Entwicklung einer qualitativen Forschungsmethodik, da nur drei Phänomene unterschieden werden müssen: einzelne metaphorische Wendungen, metaphorische Konzepte und Schemata. Das Wissen um die Metaphern generierenden Schemata hilft, Metaphern zu erkennen – so sind die Präpositionen „in" oder „außen" erst mit dem Wissen um ein Behälterschema als Hinweis auf eine Metaphorisierung zu deuten, zum Beispiel in der Formulierung: „in seinem Leben". Hier wird das Abstraktum „Leben" als Behälter konstruiert, eine Interpretation, die freilich schlüssiger wird, wenn im gleichen Kontext davon gesprochen wird, dass dieses Leben „erfüllt" gewesen sei.

▶ In der Analyse ist stets zu unterscheiden zwischen 1) einzelnen metaphorische Aussagen, 2) metaphorischen Konzepten und 3) Schemata. Ziel der Analyse ist die Darstellung metaphorischer Konzepte.

Neben der begrifflichen Neubestimmung der Schemata fügen Lakoff und Johnson den erwähnten weitere hinzu (Schmitt 2017a, S. 43–46):

- Das **Teil-Ganzes-Schema** (**part-whole schema**) schließt an die Körpererfahrung an, aus Gliedern zu bestehen, die wir einzeln und unabhängig voneinander bewegen können und dennoch ein Ganzes bildet, das mehr ist als eine Summe von Händen, Füßen, Kopf etc.; Familie und andere soziale Organisationen werden oft als solche Ganzheiten mit ihren Teilen verstanden (vgl. Lakoff 1987, S. 273 f.).

- Das **Kern-Rand-Schema** folgt der Vertrautheit, einen Körper mit einem Zentrum (Leib, Kopf) und seiner Peripherie (Haare, Fingernägel, Füße) zu haben. Wir können unsere Haare verlieren und sind noch dieselben: Die fehlende Gestaltqualität beschreibt den Unterschied zum Teil-Ganzheit-Schema; dem Schema folgende Redewendungen wären: das „Zentrum" seiner Theorie; „Randbemerkungen", „Nebensache", „Anmerkungen".

- Das **Verbindungsschema** („**link**") greift auf die Erfahrung zurück, sich an den Händen zu halten oder mit einem Seil oder einer Schnur Dinge zu verbinden oder hinter sich herziehen. Formulierungen von kognitive wie affektive „Zusammenhänge" nutzen dieses Schema.

- Das **Ursprung-Pfad-Ziel-Schema** („**source-path-goal**") lässt sich auf das sensomotorische Schema zurückführen, schon als Kleinstkind den Weg von einem Ort zu einem anderen gesucht zu haben; metaphorische Übertragungen finden sich vor allem in Phänomenen, die einen zeitlichen Verlauf haben: im Leben „seinen Weg finden", eine „verfahrene" Situation, ein „biografischer Umweg".

- Das **Kraft-Schema** („**force**") entwickelt sich ab dem Alter, in dem eine zielgerichtete Einwirkung auf die Umgebung möglich ist (übertragen: jemandem „Druck machen"). Es enthält eine „prototypical causation" (Lakoff und Johnson 1999, S. 177) als Effekt einer Kraft auf ein Objekt, das heißt, es ist in kausalitätsbeschreibenden Denkmustern fast immer enthalten.

Dass eine abschließende Darstellung der Schemata in den drei zentralen Quellen (Johnson 1987, S. 42–57, 101–138; Lakoff 1987, S. 271–275; Evans und Green 2007, S. 177–191) und anderen nicht zu finden ist, kann als Hinweis gedeutet werden, dass die Vorstellung, eine abschließbare Zahl von Konstanten der Wahrnehmung gefunden zu haben, kritisch betrachtet werden muss. So fällt zum Beispiel entgegen der Betonung der körperlichen Ableitung der Schemata bei Lakoff und Johnson auf, dass die Differenz der beiden Geschlechter nicht als Schema genannt wird. In Schmitt (2017a, S. 405–435) werden Argumente zusammengetragen, die dafür sprechen, Geschlecht als weiteres Schema zu behandeln, dem differente Metaphorisierungen folgen.

Die Überlegungen zur Fundierung elementarer Schemata in einfachsten körperlichen Erfahrungen haben zur Kritik beigetragen, dass Lakoff und Johnson das Element der sozialen Vorstrukturierung auch der einfachsten Erfahrungen übersehen (Schmitt 2017a, S. 83). So hat Gibbs (1997) darauf hingewiesen, dass die Überlegung, ob denn Metaphern einen individuell-kognitiven, körperbezogenen oder kulturellen Ursprung haben, das Phänomen Metapher zerreißt, weil Metaphern gerade diese Ebenen verbinden. Insbesondere kritisiert Gibbs die vor allem in psychologischen Kontexten herrschende Vorstellung, metaphorische Kognitionen seien nur als individuelle Phänomene zu sehen. Die vorliegende Einführung schließt sich der Auffassung an, Metaphern als emergentes Phänomen des Austausches von Körper, sozialer und physischer Welt und individuellem Geist zu deuten.[3]

2.7 Highlighting und Hiding: aufmerksamkeitsfokussierende und -ausblendende Funktion

Mit dem Verweis auf basale kognitive Schemata gehen Lakoff und Johnson davon aus, dass die Verwendung von Metaphern nicht zufällig ist, sondern auf in sich konsistente und sozial geteilte Denk-, Wahrnehmungs-, Kommunikations- und Handlungsmuster verweist. Dabei beschreiben sie (insbes. 1999, S. 9–15) diese Muster als „unbewusste Kategorien", die in ihrer Gesamtheit ein „cognitive unconscious" ergeben (ebd.). Sprache nutzt diese früh geprägten Muster in übertragener Form (ebd. 48–60) und strukturiert Handlung und Reflexion; kognitive Akte sind, über Schemata und metaphorische Konzepte vermittelt, in dieser Sichtweise in sensomotorischer Erfahrung vorstrukturiert. Diese Annahme einer weitgehenden Homologie von Denken, Sprechen und Handeln ermöglicht, jenseits sprachlicher Verweisungszusammenhänge Muster in gesellschaftlichen Praxen zu entdecken. Zur Veranschaulichung sei die Metaphorik genannt, Alkohol als „kostbare Gabe" zu konstruieren. Diese Metaphorik impliziert, sich oder anderen eine kleine Kostbarkeit zur Belohnung zukommen zu lassen, und motiviert eine Handlungsplanung, die von dem als Belohnung gedachten „Feierabendbier" (Zitat aus der Werbung: „Man gönnt sich ja sonst nichts") bis hin zu Ritualen der Gabe, zum Beispiel des „Ausgebens" von alkoholischen Getränken und des Schenkens bei Geburtstagen und ähnlichen Anlässen, reicht (Schmitt 2002a).

Als Kernelement dieser Verbindung prägen Metaphern unser Denken und Handeln vor allem durch die beiden kognitiven Mechanismen des „highlighting" und „hiding": Sie heben bestimmte Aspekte menschlicher Verhältnisse heraus, verdeutlichen dieselben (highlighting) und vernachlässigen andere Aspekte bzw. verhindern sogar ihre Wahrnehmung (hiding). Metaphern beleuchten – und

---

[3]Hier lässt sich die Diskussion darüber anschließen, welche Begriffe der Sozialwissenschaften ebenfalls auf Phänomene des Übergangs zwischen Körper, Kultur, sozialer Struktur und individueller Kognition zielen. Im vierten Kapitel werden wir exemplarisch den Begriff des Deutungsmusters mit dem Begriff des metaphorischen Konzepts vermitteln.

verdunkeln – Zusammenhänge: „The very systematicity that allows us to compre-
hend one aspect of a concept in terms of another […] will necessarily hide other
aspects of the concept." (Lakoff und Johnson 1980, S. 10).

▶ Die kognitiven Mechanismen des „highlighting" und „hiding" der Metaphern
heben bestimmte Aspekte menschlicher Verhältnisse heraus, verdeutlichen dieselben (highlighting) und vernachlässigen andere Aspekte bzw. verhindern sogar
ihre Wahrnehmung (hiding).

Damit fassen Lakoff und Johnson viele Funktionen der Metaphorik in einer kognitiven Perspektive zusammen. Die Strukturierung von Handlungs- und Denkmustern durch ein komplexes Wechselspiel von „hiding" und „highlighting"
soll anhand des „Gesellschafts-Beispiels" aus Schmitt (2014) erläutert werden:
„Gesellschaft" wurde in studentischen Hausarbeiten als normsetzende, Wohlver-
halten und Leistung erwartende elterliche Person konstruiert. In dieser Sichtweise
gäben sich die Jugendlichen auf, *„um den Erwartungen der Gesellschaft zu entsprechen"*, und „erhoffen sich so *Anerkennung, Zuneigung, Liebe* und Erfolg" –
als ob ein personales Gegenüber sich ihrer erbarmte. Diese Metapher zeigt in der
Terminologie von Lakoff und Johnson ein veritables „highlighting": „Gesellschaft"
als Person bzw. als lebendes Wesen reduziert eine überfordernde Komplexität auf
das begrenzte Handlungsrepertoire einer singulären Person; komplexe Tendenzen
werden damit identifizierbar, als Motiv und Intention beschreibbar. Der Gesellschaft als Person kann eine Ursächlichkeit, Haftbarkeit, Schuld und auch Für-
sorge zugeschrieben werden. In der Figur eines (väterlichen?) Elternteils werden
Normen und Werte in einem lebensweltlich vertrauten Rahmen konstruiert. Natürlich zieht diese Metapher auch nach sich, dass andere Aspekte versteckt werden:
Komplexe soziale Bedingungsgefüge werden zu monokausalen Mustern. Sie
führt zu einer Psychologisierung sozialer Dynamiken, deren Eigenart verschliffen
wird. Die Sinnhaftigkeit von Werten und Normen ist in dieser Metaphorik kaum
erkennbar, eine Möglichkeit der Identifikation mit Werten kaum denkbar, lediglich
Anpassung wird impliziert. Diesen verschattenden Effekt bezeichnen Lakoff und
Johnson als „hiding". Die Binnengliederung der Gesellschaft lässt sich besser in
den oben genannten konkurrierenden Metaphern der „Schichten" und „Ebenen"
einer Gesellschaft fassen. Das Gegensatzpaar highlighting–hiding nimmt daher bei
der Interpretation der Implikationen einer Metaphorik eine wichtige Rolle ein und
wird daher im siebten Kapitel explizit wieder aufgenommen.

2.8 Zusammenfassung: Metaphorische Konzepte sind zentral

Die Theoriebildung von Lakoff und Johnson ist nicht immer konsistent (Schmitt 2017a, S. 84); festzuhalten bleibt, dass neben der weiten Definition einer Metapher der Begriff des metaphorischen Konzepts und die Annahme von basalen kognitiven Schemata („kinaesthetic image schemas") trotz aller Verschiebung der Gewichtungen innerhalb der theoretischen Argumentation und der Neueinführung anderer Begriffe durchgehalten werden. Daher sind es diese Kernbestandteile der kognitiven Metapherntheorie, die für eine Metaphernanalyse in den Sozialwissenschaften nutzbar gemacht werden können. Dementsprechend werden weitere Begriffe, die für spezielle Studien allerdings durchaus anregendes Potenzial haben können, in dieser Einführung nicht weiter aufgegriffen (Schmitt 2017a, S. 70–74). Die für eine sozialwissenschaftliche Analyse produktivste Ebene ist also die der metaphorischen Konzepte: In ihnen bündeln sich spezifische individuelle oder kulturelle Muster des Denkens, der Wahrnehmung, der Empfindung und des Handelns; und die Prüfung auf mögliche Schemata bei der Analyse von Texten erleichtert die Identifikation möglicher Metaphern.

▶ Eine sozialwissenschaftliche Metaphernanalyse zielt auf die Rekonstruktion metaphorischer Konzepte: In ihnen dokumentieren sich soziale Orientierungsmuster.

Lakoff und Johnson (1999) erweitern im letzten gemeinsamen Buch diese zentrale Begrifflichkeit nicht, wenn man von der Präsentation „primary metaphors" und „compound" bzw. „complex metaphors" absieht, welche den Bereich der metaphorischen Konzepte in einfache, biografisch frühe und komplexe, kulturell gesättigte Konzepte unterteilen, die jedoch den grundsätzlichen Bestimmungen nichts Neues hinzufügen. Zur weiteren Lektüre kann neben den Originalwerken von Lakoff und Johnson auf Jäkel (2002) verwiesen werden, der eine äußerst komprimierte Übersicht der Annahmen in neun zentralen Hypothesen anbietet; als weitere einführende Literatur seien Liebert (2003), Jäkel (2003b, S. 19–62) und Schmitt (2017a, S. 35–112) genannt. Die deutschsprachige Diskussion in der qualitativen Forschung leidet, wie bereits erwähnt, in der Regel an der Fixierung auf das erste Buch von 1980, weil dieses als einziges übersetzt vorliegt; wesentliche Neuerungen der Publikationen Lakoff (1987) und Johnson (1987), die den Ansatz abrunden, bleiben oft unberücksichtigt.

Beispiele zentraler Begriffe bei Lakoff & Johnson in der Fassung ab den Publikationen von 1987 anhand des Materials aus Kap. 10 der Publikation von 1980

Metaphorische Redewendungen	metaphorische Konzepte	Schema(ta)
Fundament einer Theorie, die Theorie muss besser *untermauert* werden, ein gut *konstruiertes* Argument, das Argument *fiel in sich zusammen;* beweisen, dass diese Theorie *auf Sand gebaut* ist. Bis jetzt haben wir nur das *Gerüst der Theorie* gesehen	Theorien (und Argumente) sind Gebäude	Gegenstand, oben/unten
Aus meiner *Sicht sieht* das anders aus. Was ist Ihre *Ansicht?* Ich *sehe* das anders. Allmählich habe ich das ganze *Bild vor Augen.* Ich möchte dir das mal *klar*machen. Die Idee *leuchtet ein.* Das Anliegen des Gesprächs blieb *im Dunkeln.* Das ist ein *durchsichtiges* Argument	Verstehen ist Sehen; Ideen sind Lichtquellen	
Zwischen den beiden hat es *gefunkt.* Sie *zog* mich *an* wie ein *Magnet.* Sie fühlen sich stark zueinander *hingezogen.* Die Liebe hat bei ihnen eingeschlagen *wie ein Blitz.* Ihre Beziehung steckt voller *Energie.* Die *Impulse* ihrer Beziehung sind erloschen	Liebe ist Elektrizität	Kraft
Ihre Beziehung *krankt* an etwas. Sie führen eine *starke* und *gesunde* Ehe. Ihre Ehe ist *tot* – sie kann nicht wieder *zum Leben erweckt* werden. Ihre Ehe befindet sich *auf dem Wege der Besserung.* Wir kommen schon wieder *auf die Beine.* Ihre Liebe ist *ermattet*	Liebe ist ein Patient	Person
Ich habe ein *erfülltes* Leben gehabt. Das Leben ist *leer* für ihn. *In* seinem Leben ist *nicht mehr viel übrig geblieben.* Ihr Leben ist *angefüllt* mit Aktivitäten. *Hole das Beste aus* deinem Leben *heraus.* Sein Leben *enthielt* sehr viele Kümmernisse	Leben ist ein Gefäß	Gefäß

Metaphorische Redewendungen	metaphorische Konzepte	Schema(ta)
Sie *sprudelt* von Kraft und Energie *über*. Ich will im Urlaub mal wieder *auftanken*. Er *hat* keine Energie mehr *in sich*. Abends *bin ich leer*. Ich fühle mich *ausgelaugt*	Vitalität ist eine (energiegeladene) Substanz	Substanz, Behälter
Meine *Erkältung* ist *vom Kopf in die Brust gerutscht*. Er konnte seine *Freude* kaum *zurückhalten*. Wenn man bei einer Erkältung viel Tee trinkt, wird *sie aus dem Körper ausgespült*. Es ist keine *Spur* von Feigheit *in ihm*. Er hat *keine Disziplin in den Knochen*	Physische und emotionale Zustände sind Gegenstände im Menschen	Gegenstand, Substanz, Person, Gefäß

Aufgabe

Oben waren neun allgemeine Schemata aufgezählt worden: Objekt, Substanz, Behälter, Person, Teil-Ganzes-Schema, Kern-Rand-Schema, Verbindung, Ursprung-Pfad-Ziel und Kraft. Sammeln Sie für die vier abstrakten Begriffe „Leben", „Liebe", „Gesellschaft" und „Psyche" metaphorische Redewendungen quer durch alle neun Schemata!

Von der Theorie zur Methode

Die Grundlagen der Metapherntheorie und deren weitreichende Implikationen für den Zusammenhang von Sprechen, Denken und Handeln sind in den vorherigen Kapiteln dargelegt worden. Wenn Metaphern in dieser Tiefe unser Denken und Handeln prägen, müsste es möglich sein, in methodischer Form ihren Gehalt zu rekonstruieren. Nun werden qualitative Forschungsmethoden in der Regel nicht nur aus Theorien abgeleitet, sondern auch aus den Erfahrungen der Forschungspraxis entwickelt. Diese Reflexionsbewegung auf das eigene Tun wird von Bohnsack als Kennzeichen rekonstruktiver bzw. qualitativer Forschung diskutiert: Gegenüber quantitativer Forschung

> sind in der qualitativen Forschung auch die erkenntnistheoretischen und methodologischen Grundlagen nicht rein logisch – wie in der konventionellen Methodologie z. B. von Popper (vgl. 1971) gefordert – zu begründen, sondern (im Sinne selbstreferentieller Systeme) aus der (empirischen) Forschungspraxis heraus (Bohnsack 2005, S. 65).

Die systematische Metaphernanalyse, wie sie in diesem Buch vorgestellt wird, ist nicht der erste Versuch, eine Metaphernanalyse als Methode des Verstehens in den Sozialwissenschaften zu entwickeln. Wir blicken daher zurück auf den bisherigen Umgang mit Metaphern und reflektieren die Grenzen bisheriger Ansätze, um die Konstruktion der hier vorgelegten Methode plausibel nachzeichnen zu können: Welche Erfahrungen – und damit auch Erfahrungen von Sackgassen und Grenzen – gibt es bereits? Diese Grenzerfahrungen sind sowohl in bisherigen Metaphernanalysen (Abschn. 3.1, 3.2, 3.3, 3.4, 3.5, 3.6, und 3.7), als auch bei Lakoff und Johnson selbst zu finden (Abschn. 3.8, 3.9, 3.10, 3.11, 3.12, 3.13, und 3.14).

© Springer Fachmedien Wiesbaden GmbH, ein Teil von Springer Nature 2018
R. Schmitt et al., *Systematische Metaphernanalyse,*
https://doi.org/10.1007/978-3-658-21460-9_3

3.1   Die Kritik einzelner Metaphern

Dieser Typus von Metaphernthematisierungen zeichnet sich dadurch aus, dass einzelne Metaphern aus Zusammenhängen ohne systematische Rekonstruktion herausgenommen werden; oft dienen sie als Beleg für eine gegnerische Position und werden kritisch kommentiert. So reflektiert beispielsweise Klein (2003) kritisch die Metapher von der Universität als Unternehmen und arbeitet im Zuge dessen wesentliche Nichtpassungen heraus: Eine Universität dürfe im Gegensatz zu einem Unternehmen keinen Gewinn machen; auch passe eine Metaphorik der Finanzierung über Sponsoring und Studiengebühren nicht zu einem Unternehmen; und der Schwerpunkt des „Wettbewerbs" bei der Mittelverteilung läge wohl weniger zwischen verschiedenen Universitäten als innerhalb ihrer selbst, zwischen den Fachbereichen – ruinös für ein wirkliches Unternehmen. Und spätestens das Wort „Kunde" erweise sich als metaphorische Blähung: Mit „Kunde" seien alle von der Universität berührten Menschen und Einrichtungen gemeint: Studierende, Arbeitgeber/innen, „die" Gesellschaft etc. – dieser Aspekt der Metapher stifte eine diffuse Bedeutungswolke.

Metaphernanalyse wird hier zur Kritik eines gängigen Diskurses, sie bleibt in solchen Studien in der Regel bei einer einseitigen Reflexion der Möglichkeiten und Grenzen des metaphorischen Denkens. Hier lassen sich am stärksten die auch später vorkommenden Fallstricke anderer Metaphernanalysen studieren: Wir finden eine ausgeprägte Willkür bei der Identifikation von Metaphern; ebenso wird der theoretische Hintergrund der Metapherndiskussion nicht ausgeführt oder ist sehr heterogen. Die Interpretationen sind zwar teilweise nachvollziehbar, aber die Schlussfolgerungen sind in aller Regel übergeneralisierend, weil konträre Metaphern bzw. metaphorische Nicht-Passungen in den Texten kaum diskutiert werden.

▶ Eine Forschungsmethodik muss gewährleisten, dass alle Metaphern eines Textes entdeckt und interpretiert werden, um auch gegenteilige, gleichsinnige oder nur partiell übereinstimmende Sprachbilder zu entdecken.

3.2   Metaphern zur Beschreibung der Ergebnisse qualitativer Forschung

Qualitative Forschung bringt eine Vielzahl heterogener Daten hervor, die komplexe Sinnstrukturen beinhalten; Metaphern eignen sich dazu, diese Komplexität auf klar strukturierte Muster zu reduzieren. Aita, McIvain, Susman und Crabtree (2003) beispielsweise beschreiben in ihrer Studie über die medizinische Grundversorgung

drei metaphorische Muster des Denkens und Handelns: „practice as a franchise",
„practice as a mission", „practice as nurturing a family". In der Feldstudie ist beein-
druckend beschrieben, wie weit diese metaphorischen Konzeptionen das Denken
und Handeln der Ärzt/innen in den jeweiligen Einrichtungen bestimmen. Diese
Metaphern resultieren aus Diskussionen und Auswertungsprozessen, die jedoch
nicht dokumentiert wurden; eine Systematik der Metapherngewinnung wird hier also
nicht deutlich. Festzuhalten ist, dass es nicht unbedingt die Metaphern der Befragten
selbst sind, auch wenn diese sich durch die Metaphern richtig beschrieben fühlten
und ihnen in einem Nachinterview zustimmen konnten. Die drei gewählten Beispiel-
einrichtungen scheinen nach der Beschreibung der Autor/innen zudem nur nach
jeweils einer einzigen Metapher zu funktionieren – eine solche „reine" metaphorische Konzeption eines Phänomens scheint aber in der Alltagswelt unwahrscheinlich.
So dokumentiert Schachtner (1999) in unterschiedlicher Tiefe mehr als acht metaphorische Muster ärztlichen Handelns.

▶ Die Rekonstruktion von metaphorischen Konzepten muss prinzipiell nachvollziehbar und ein Ergebnis der Arbeit am empirischen Material sein.

3.3 Das Suchen vorgegebener Metaphern im Material

Andere Forscher/innen versuchen, sich an Metaphern zu orientieren, die aus
Sicht einer bestimmten Philosophie als zentral angesehen werden, z. B. mit dem
Rückgriff auf Peppers (1942) Annahme von sechs „Wurzelmetaphern" („root
metaphors"): Formalismus, Mechanizität, Kontextualität, Organizität, Animismus, Partizipation. Super und Harkness (2003) haben in einer Untersuchung mit
quantitativen und qualitativen Anteilen die vier ursprünglich als zentral angenom-
menen Metaphern in Interviews mit Eltern und psychiatrischen Professionellen
über die Entwicklung von Kindern untersucht und dabei stabile Präferenzen für
einzelne Metaphernfelder gefunden. Nicht von Peppers Annahmen, sondern von
bibliometrischen Häufigkeitsbefunden gehen Maasen und Weingart (2000) aus,
wenn sie versuchen, die Nutzung von Begriffen als Metapher, z. B. des Begriffs
„Chaos", in wissenschaftlichen Diskursen statistisch zu bestimmen und daraus
Schlüsse zu ziehen.

In der Anlage eines solchen Vorgehens fehlt eine empirische Vorabanalyse, welche Metaphern tatsächlich die theoretischen Diskurse steuern. Metaphern„analyse"
ist hier gleichgesetzt mit dem Wiederfinden von vorausgesetzten Metaphoriken und
nicht mit der Rekonstruktion dieser aus dem Material selbst. Wenn man jedoch mit

Blumenberg oder Lakoff und Johnson von einem Geflecht von unterschiedlichen metaphorischen Konzepten in der Alltagswelt ausgeht, ist die Reduktion der Texte auf wenige vorgegebene Metaphoriken eine problematische Verengung inhaltlicher und methodischer Art. Die geringe Zahl der vorgegebenen Konzepte ist ein deutliches Indiz dafür, dass die Vorgabe sehr allgemeiner Metaphoriken zu einer bloß subsumierenden Vorgehensweise mit geringem Erkenntnisgewinn verleiten kann.

▶ Die Vorgabe, bestimmte Metaphern zu suchen, verhindert die Rekonstruktion von im Material selbst enthaltenen Sinnstrukturen.

3.4   Die metaphorische Vorprägung der Forschenden und ihrer Theorien

Die bisherigen Verwendungen der Metapher in der Forschung gehen davon aus, dass zielgerichtet nach bestimmten Metaphern im Material gesucht und Metaphern bewusst zur Ergebnisdarstellung oder zur Beschreibung des Prozesses gebraucht werden. Ein Hinweis von Lakoff und Johnson gilt aber nicht nur für unsere Informant/innen, sondern auch für Forschende: Der Gebrauch von Metaphern ist oft unbewusst, Forschen geschieht selbst in nicht reflektierten metaphorischen Rahmungen. Sehr gründlich hat Jäkel (2003a, b) die Geschichte der Konzeptualisierung von Wissenschaft als Entwicklungsgeschichte von wechselnden Metaphern skizziert, die hier exemplarisch vorgestellt werden soll:

- Aristoteles metaphorisiere Wissenschaft als „Sehen und Betrachten"; außerhalb dieser visuellen Metaphorik und damit kaum thematisiert bleibe der Status von Ergebnissen, die Rolle alternativer Theorien und die Zusammenarbeit von Wissenschaftler/innen.
- Descartes bebildere Wissenschaft als „aufwärtsführenden Weg", den man langsam, aber stetig zu gehen habe. Man beginne den Weg dort, wo Vorgänger aufgehört haben. Alternative Theorien würden von ihm nicht bedacht, obwohl diese in der Metapher von den „Scheidewegen" möglich wären. Die Natur werde von ihm nicht metaphorisiert – es dominiere die Methode, d. h. der „Weg".
- Bei Bacon finde sich hinter dem Gedanken, die Natur durch Wissenschaft in den Dienst der Menschheit zu stellen, eine Reihe tyrannischer Metaphern. Wissenschaft sei darin eine „Nötigung" der Natur, der (männliche) Wissenschaftler ein „Gewalttäter, Inquisitor oder Eindringling", potenziell die

weiblich personifizierte Natur vergewaltigend. In ihrem metaphorischen Innern sei geheimes Wissen verborgen, das ihr entrissen werden solle. Wissenschaft sei in diesem Bild anstrengend, erfordere Macht und Raffinesse. Nicht thematisierbar sei in diesem metaphorischen Konzept die Rolle von Theorien in der Wissenschaft.

- Kant verfolge eine Synthese aus den vorangegangenen empiristischen und rationalistischen Ansätzen: Für ihn sei daher Wissenschaft eine Theorie reflektierende Entdeckungsreise, die von einer „Wissenschaft als Gebäudebau" abgeschlossen wird; nach der erkenntnistheoretischen Expedition sei der feste Ort für die Theoriearchitektur gefunden. Wissen sei das Baumaterial des Theoriegebäudes. Naturphänomene werden mit dieser Metaphorik systematisch ausgeblendet; auch konkurrierende Wissenschaften werden mit dem (einzigen) Gebäude nicht erfasst.

- Popper metaphorisiere Wissenschaft als „bewaffneten Kampf ums Überleben der fittesten" Theorie. Theorien seien Personen, die durch Kampf sich und ihresgleichen selektieren. Methoden seien Waffen, „naturgemäß" überlebten die stärksten Theorien in dieser an Darwin angelegten Metaphorik. Die Naturphänomene blieben bei diesem Kampf innerhalb der Wissenschaft unberücksichtigt.

- Kuhn allegorisiere diesen Kampf anders: Für ihn sei Wissenschaft ein „Glaubenskrieg". In Friedenszeiten, wenn die Herrschaft eines charismatischen Paradigmas unbestritten sei, würde die Natur von den gläubigen Anhänger/innen in die möglichen begrifflichen Raster des Paradigmas assimiliert; bei der Infragestellung dieses Paradigmas folgten Zeiten des Umbruchs, des Aufruhrs und der Gewalt, nach denen ein neues Paradigma herrsche. Dieses metaphorische Modell bezweifle die Rationalität des wissenschaftlichen Fortschritts, der Machtkampf zwischen konkurrierenden Theorien sei als Machtkampf zwischen Religionsführer/innen und ihren fanatischen Anhänger/innen außerhalb jeder vernunftorientierten Kontrolle.

Deutlich wird: Auch in der metaphernskeptischen Wissenschaft ist der Diskurs alles andere als metaphernfrei. Diese breiten Hinweise sollten zu Misstrauen der Forschenden gegenüber sich selbst verleiten. Forschen ist von Metaphern bestimmt, deren kognitive Grenzen nicht immer überwunden werden können. Umso notwendiger scheint es, methodische Vorkehrungen dafür zu entwickeln, dass metaphorische Vorprägungen der Forschenden auch von ihnen selbst erkannt werden können.

▶ Auch das Forschen gehorcht kollektiv üblichen Metaphern. Eine Metaphernanalyse als Methode muss Gelegenheit bieten, diesen Horizont zu überschreiten.

3.5   Erhebung von bewussten Metaphern der Interviewten

Eine weitere Möglichkeit der Arbeit mit Metaphern in der qualitativen Forschung
besteht darin, die den Teilnehmenden bewusste Bilder direkt zu erfragen. Oberlechner, Slunecko und Kronberger (2004) berichten, dass sie in ihrer Datenerhebung sowohl explizit nach Metaphern für Finanzmärkte fragten als auch die
implizit im Interview genannten Metaphern auswerteten. Die so erhobenen Metaphern unterscheiden sich in spezifischer Weise: Die bewusst gebrauchten Metaphern des Sports und des Wettbewerbs lassen den Finanzmarkt als menschlicher,
ungefährlicher und kontrollierbarer erscheinen als die nicht bewusst gebrauchten
Sprachbilder von Kampf und Krieg. Mit solchen Differenzen zwischen bewusst
und nicht bewusst gebrauchten Metaphern muss also gerechnet werden.

▶ Bewusst formulierte Metaphern enthalten Rücksichten auf soziale Erwünscht-
heit. Erhebungsmethoden sollten daher möglichst offene Räume für ungewusst
gebrauchte Metaphern ermöglichen.

3.6   Fehlende Vergleichshorizonte

Wenn wir davon ausgehen, dass Metaphern interpretationsfähigen Sinn transportieren, dann muss die Nichtberücksichtigung von Metaphern begründet werden können. V. Kleist (1987) hat in psychotherapeutischen Fallstudien zeigen
können, dass das Fehlen von Metaphern auf kognitive Defizite und biografische
Traumatisierungen verweisen kann. Die Auslassung metaphorischer Denkmuster in sozialen Kollektiven kann ebenfalls Hinweise auf bestimmte Rahmungen
geben (Schmitt 2007a). Eine metaphernanalytische Methode muss also nicht nur
gewährleisten, dass alle Metaphern auf ihren Sinngehalt reflektiert werden, sondern dass auch ein Vergleichshorizont existiert, der das Fehlen von Metaphern als
interpretationsrelevant zeigt.

▶ Auch das Fehlen von Metaphern ist interpretationsrelevant – dieses Fehlen wird allerdings erst im Vergleich mit anderen Studien oder Vergleichshorizonten sichtbar.

3.7 Selektive Interpretationen: die problematische Logik der „Wurzel"-Metapher

Neben der nicht nachvollziehbar dargestellten Auswahl bestimmter Metaphern fällt in vielen frühen Studien die Annahme auf, dass eine besonders hervorzuhebende Metaphorik zentral sei. Beispiele solcher Annahmen lauten: „Wurzelmetapher" (Wiedemann 1989), „Fokussierungsmetapher" (Bohnsack 2011), „resonante Metapher" (Straub und Seitz 1998), „Daseinsmetapher" (Straub und Sichler 1989), „tote" und „lebendige" Metaphern (vgl. Ricœur 1991, S. 28). Es ist also nicht nur die Nichtberücksichtigung von Metaphern eines Textes, sondern auch diese Idee von der Zentralität einzelner Metaphern, die Probleme birgt. Denn diese Metaphernanalysen operieren mit einer dichotomen, selbst metaphorischen Konstruktion: Einer zentralen Metaphorik stehen Metaphoriken gegenüber, die wenig zur Organisation des Felds beitragen oder sich der organisierenden Metaphorik unterordnen lassen. Eine „resonante" Metapher wird von Metaphern abgegrenzt, die als nicht resonante wenig Implikationen liefern – damit werden starke Vorab-Bewertungen gestiftet.

An dieser Stelle wird deutlich: Wir entkommen dem metaphorischen Denken nicht – man entkommt einer Metapher nur mit einer anderen Metapher, einem anderen kognitiven Horizont. Aus diesem Grund schlagen wir vor, sich von der Idee einer zentralen „Wurzel" zu verabschieden und stattdessen das Bild des unterirdischen „Geflechts" für die Metaphernanalyse zu nutzen, um für lokale Verästelung von Sinn offen zu sein.

▶ Die Suche nach einer zentralen Wurzelmetapher ist eine Komplexitätsreduktion, die empirischen Phänomenen meist nicht gerecht wird.

3.8 Nichtreflexion der eigenen Verstehensprozesse

Da die kognitive Linguistik nicht im Hinblick auf ihre Verwendung in der qualitativen Sozialforschung entwickelt worden ist, verwundert es nicht, dass bei ihrer Nutzung mitunter Ergänzungen und Korrekturen vorgenommen werden müssen.

Lakoff und Johnson präsentieren in ihren Publikationen metaphorische Konzepte als einfach gegeben – d. h. ohne ihr eigenes Vorgehen bei der Rekonstruktion und Interpretation der metaphorischen Konzepte theoretisch zu fassen und scheinbar ohne sich bewusst zu sein, damit eine eigene Form einer Hermeneutik entwickelt zu haben. Dieser blinde Fleck der kognitiven Linguistik verführt bei der Rezeption zur Übernahme formulierter Konzepte. Erst mit einer erkenntnistheoretischen Besinnung auf das eigene Tun hat eine Methodik Chancen, verlässlich zu werden. Damit wird sich das folgende Kapitel beschäftigen.

▶ Metaphernanalyse als Methode muss sich auf erkenntnis- und wissenschafts- theoretische Reflexionen stützen.

3.9   Fehlende und/oder problematische methodische Hinweise

Mit der Kritik einer nicht elaborierten Selbstreflexion steht in Verbindung, dass konkrete forschungsmethodische Hinweise von den Begründern der kogniti- ven Metapherntheorie nicht formuliert werden (Deignan 2010, S. 55). Auch in den umfassenden Analysen Lakoffs zum innen- und außenpolitischen Denken der USA finden sich kaum methodische Hinweise zur Auswahl des Erhebungs- materials, zur Identifikation von Metaphern, zur Rekonstruktion von metaphori- schen Konzepten und zuletzt zur methodisch gesicherten Interpretation der in den Konzepten gebündelten Sinnzusammenhänge (Lakoff 2002). Dies hat nicht nur Unbehagen erzeugt, sondern zum Teil sehr elaborierte Versuche der Metaphern- identifikation nach sich gezogen (Pragglejaz Group 2007; Steen et al. 2010). So sollen ein strenges Regelwerk und eine extensive Operationalisierung vor allem subjektive Einflüsse eliminieren. Damit geht jedoch verloren, dass Metaphern nicht einfach identifiziert und zugeordnet, sondern verstanden werden müssen. In beiden Varianten existiert folgerichtig nicht die Möglichkeit, exemplarische Narrationen als Allegorie, das heißt als lebenspraktische Realisierung eines meta- phorischen Konzepts zu verstehen. So lässt sich beispielsweise zeigen, dass in Interviews zum problematischen Alkoholkonsum die Metaphorik des Gebens und Nehmens eine große Rolle spielt und Alkohol als wertvolle Gabe („ein guter Tropfen") metaphorisiert wird, wobei vor allem nicht metaphorische Narratio- nen des Ausgebens, Schenkens und Mitbringens von Alkoholika dieses Konzept ergänzen (Schmitt 2002a). Solche Sinnzusammenhänge bedürfen demnach eines situativen Verstehens und dürften kaum als Regel zu explizieren sein.

▶ Lakoff und Johnson bieten weder eine Methodologie des Verstehens noch eine Methode der Identifikation von Metaphern. Strikt regelbasierte Methoden verfehlen die situativen Besonderheiten des Metapherngebrauchs. Eine Metaphernanalyse sollte flexibel UND verlässlich sein.

Zwischen den kaum ausformulierten Regeln der Metaphernidentifikation von Lakoff und Johnson und einer für statistische Zwecke dienlichen Operationalisierung bei Steen et al. (2010) ist daher für die qualitative Forschung ein Mittelweg zu suchen: Es braucht Regeln, welche die Qualität der Erkennung von Metaphern steigern, ohne durch ein rigides Regelwerk die Anpassung des Verfahrens an die jeweilige kommunikative Situation zu verhindern – in den Kap. 5, 6, und 7 werden wir hierzu einen Vorschlag machen.

3.10 Die kommunikative und soziale Bedeutung von Metaphern

Obgleich Lakoff und Johnson die alltägliche Bedeutung metaphorischen Denkens betonen, werden spezifische Erhebungsformen, insbesondere diejenigen, welche die alltägliche Kommunikation dokumentieren, nicht genutzt. Die empirische Basis der kognitiven Metapherntheorie bilden stattdessen das Wörterbuch oder weitere zufällige Materialien. Die Rolle der kommunikativen und sozialen Bedeutung von Metaphern bleibt bei einem solchen Vorgehen allerdings unbeachtet. Exemplarisch lässt sie sich beispielsweise jedoch anhand der breiten Literatur über Metaphern im Kontext von Krebserkrankungen verdeutlichen: In nahezu allen Publikationen findet sich hier die Metaphorik des „Kampfs" gegen die Erkrankung (Schmitt 2017a, S. 271–295). Demgegenüber rekonstruiert Schiefer (2006) in den Entlassungs- oder Arztbriefen nach Krankenhausaufenthalt vor allem Metaphern des „Rätsels" und des „Detektivs", den Symptomen und Tumoren „auf die Schliche zu kommen", und keine Kampfmetaphern. In dieser ritualisierten Kommunikation unter ärztlichem Personal ist offenbar eine Darstellung als kluger Mensch, nicht als kämpfender sinnvoll und leitend.

Der soziale und kulturelle Kontext motiviert also die Wahl der Metaphern und muss daher in die Interpretation einbezogen werden. Lakoff und Johnson hingegen vernachlässigen die kommunikative bzw. situative Bedeutung von Metaphern gegenüber ihrer kognitiven und textuellen. Diese Kritik weist ebenfalls auf ein Defizit einer sozialwissenschaftlich relevanten Verortung der kognitiven Linguistik hin.

▶ Die Bedeutung von Metaphern muss stets kontextualisiert werden. Die Auswahl des Datenkorpus sollte begründet, reflektiert und in die Interpretation einbezogen werden.

3.11   Globale oder lokale Gültigkeit?

Lakoff und Johnson geben Übersichtslisten zentraler metaphorischer Konzepte vor, deren universelle Gültigkeit sie annehmen (Lakoff und Johnson 1999, S. 50 ff.). Die systematische Metaphernanalyse ist hier vorsichtiger und geht davon aus, dass nur ein sehr kleiner Kernbereich von metaphorischen Konzepten den Status linguistischer Universalien haben könnte, und lässt offen, dass lokale metaphorische Konzepte für ein Phänomen bei unterschiedlichen Personen, Gruppen und Kulturen divergieren.

▶ Im Gegensatz zur linguistischen Forschung interessieren in der qualitativen Forschung (auch) lokale Sinnmuster.

Die bisherige Interpretationserfahrung legt nahe, dass metaphorische Konzepte umso spezifischer formuliert werden können, je genauer der Forschungsfokus und je abgegrenzter das Untersuchungsfeld ist. Zu ähnlichen Schlüssen kommen von linguistischer Seite Cameron und Low (1999) und Cameron, Maslen und Low (2010, S. 137).

3.12   Provokative theoretische Inkonsistenzen

Die Begrifflichkeit der kognitiven Metapherntheorie hat sich bei Lakoff (1987) und Johnson (1987) im Vergleich zu dem am meisten rezipierten Ausgangs- werk von 1980 stark verschoben. Dessen Nachwort zur englischen Fassung von 2003 destruiert zentrale Annahmen des Buchs, welches allerdings leider nicht in deutscher Sprache zugänglich ist und somit in der deutschsprachigen Forschungs- landschaft weniger Beachtung findet; unter der Überschrift „Some Corrections and Clarifications" werden dort einstmals zentrale Unterscheidungen aufgegeben (Lakoff und Johnson 2003, S. 264).

Das zweite gemeinsame Buch von Lakoff und Johnson (1999) ist darüber hin- aus weder an das erste noch an die beiden Einzelpublikationen von 1987 bruchlos anschließbar. So werden einige der vorher zentral diskutierten Begriffe, wie z. B.

das „idealized cognitive model", nicht mehr aufgenommen. Die Einseitigkeiten der jeweiligen Texte haben gereizte Kommentierungen der kognitiven Linguistik ausgelöst, die in ihrer Heftigkeit der Erklärung bedürfen (z. B. Nerlich 2007). Neben den soeben beschriebenen Inkonsistenzen der Publikationen scheinen dabei vor allem drei weitere Momente für derlei Reaktionen verantwortlich:

a) Die Aussagen der kognitiven Metapherntheorie, dass die soziale Welt von einer bestimmten Form des Denkens (in Metaphern) und seiner Mechanismen durchzogen sei, greifen weit über die Pragmalinguistik hinaus in die Felder der Soziologie und der Kulturwissenschaften. Diese Formulierung von Geltungsansprüchen steht in einem herausfordernden Widerspruch zu einer Nichtzurkenntnisnahme soziologischer bzw. kulturwissenschaftlicher Theorien durch die Begründer der kognitiven Linguistik und zieht entsprechende Reaktionen nach sich.

b) Die Überzeugung von einer biologischen Fundierung (im Sinne eines eng gefassten „embodiments") von Metaphern (insbes. Lakoff 2008) provoziert heftige Ablehnungen eines vermeintlichen „neurobiologischen Reduktionismus" (z. B. Koller 2005).

c) Die Selbstdefinition als „kognitive" Metapherntheorie führt, wie bereits erwähnt, zu Missverständnissen und pauschalen Ablehnungen, denn die Autoren zielen nicht auf individuelle Kognitionen in einem engen psychologischen Verständnis, sondern auf semantische Phänomene im breitesten Sinn. Diese Kritik einer „kognitivistischen" Verkürzung ist allerdings mitunter auch ein Beleg für eine zumeist oberflächliche Lektüre, d. h. dass selten mehr als das erste Buch von 1980 gelesen wurde.

▶ Theoretische Brüche in der Darstellung der Metapherntheorie erschweren das Ableiten einer anschlussfähigen Methodologie für eine systematische Metaphernanalyse.

3.13 Wahrheits- und Gütekriterien der Interpretation

Der anderen Logik linguistischer Forschung geschuldet ist eine Präsentationsweise von Lakoff und Johnson, die um spezifisch sozialwissenschaftliche Wahrheits- oder Gütekriterien nicht weiß. Lakoff und Johnson beeindrucken durch eine Fülle an Beispielen – Reflexionen zur systematischen Einschränkung der damit verbundenen Verallgemeinerungsansprüche sind dagegen bestenfalls ad hoc zu finden. Die damit verbundenen methodischen Probleme (z. B. Gütekriterien für die Rekonstruktion der metaphorischen Konzepte einerseits, für die Interpretation der damit verbundenen Bedeutungen andererseits) lassen sich nicht mit Rückgriff auf Lakoff und Johnson lösen (Niedermair 2001). Hier empfiehlt es sich, auf die neuere Diskussion von Gütekriterien in der qualitativen Forschung, wie sie von Steinke (1999, 2012) vorgelegt worden sind, zurückzugreifen – das soll im Kap. 7 diskutiert werden.

▶ Metaphernanalysen sollten sich wie andere qualitative Forschungsmethoden der Reflexion ihrer Gütekriterien unterziehen.

3.14 Fazit

Die Übersicht über die unterschiedliche Thematisierung von Metaphern in qualitativer Forschung und angrenzenden Gebieten hat deutlich gemacht, dass einige spezifische Aufgabenzuweisungen mit einschränkenden Vorannahmen bei der Definition und Identifikation von Metaphern verbunden sind, da eine unsystematische Diskussion der den Metaphern innewohnenden Sinnpotenziale den Gehalt der Ergebnisse einschränkt oder sogar verfehlt. Je einfacher die Anlage der Untersuchung, desto stärker neigt sie zu Übergeneralisierungen, am deutlichsten in der bloßen Kritik einzelner Metaphern. Erst eine breite Aufgabenstellung wie die Rekonstruktion subjektiver, gruppenspezifischer und kultureller Konstruktionen und ihre umfassende Deskription lässt andere Aufgaben, wie die Kritik der Implikationen einzelner Metaphern oder Metaphern als Mittel der Forschungsreflexion als Teilaufgaben ableiten. Zusammenfassend lassen sich

- ein unklarer Begriff der Metapher,
- nicht explizierte Regeln bei der Erkennung von Metaphern,
- nicht explizierte Regeln der Gruppierung von Metaphern zu Mustern mit gleichem Sinn
- und eine fehlende Validierung der Interpretation

als Probleme der frühen Metaphernanalysen identifizieren. Hinzu kommen

- die oftmals problematische Hoffnung, in einer einzigen „Wurzel"-Metapher den wesentlichen Gehalt eines Textes kondensiert zu erfassen,
- die Defizite der kognitiven Linguistik im Hinblick auf die Reflexion des eigenen Vorgehens und in Bezug auf die Berücksichtigung sozialer Kontexte, und
- in aller Regel die Reflexion und Angabe darüber, welche Gütekriterien von einer Studie eingelöst werden können.

Das nächste Kapitel verbindet die kognitive Linguistik nach Lakoff und Johnson mit Ansätzen der Hermeneutik, um ihr Potenzial als sozialwissenschaftliche Methode zu entwickeln.

Aufgabe

Im Abschn. 3.4 waren metaphorische Vorstellungen von Wissenschaft genannt worden – Wissenschaft als Weg, als Sehen, als Kampf (mit unterschiedlichen Nuancierungen), als Bau eines Gebäudes, als Glaube; hinzufügen ließen sich noch andere: Wissenschaft als Gespräch und Diskussion, als Bohrung in der Tiefe, als (Sklaven-)Arbeit im Steinbruch, als Horizontüberschreitung, etc. … Schauen Sie einmal in Ihre letzten Hausarbeiten (für Dozent/innen: in Ihren letzten Publikationen): Was sind Ihre metaphorischen Konzepte (Plural!) für Wissenschaft?

Lakoff und Johnson rekonfiguriert: Hermeneutik und mehr

4

Lakoff und Johnson formulieren die wissenschaftstheoretischen Vorannahmen der kognitiven Linguistik nicht aus. In diesem Kapitel schließen wir diese Lücke und verbinden die begrifflichen Errungenschaften der kognitiven Linguistik mit Traditionen aus der geistes- und sozialwissenschaftlichen Hermeneutik, um ein selbstreflexives Verständnis unseres Forschens zu gewinnen. Zuletzt überlegen wir, wie der Begriff des metaphorischen Konzepts mit Begriffen der Sozialwissenschaften vermittelt werden kann.

4.1 Das szientistische Selbstmissverständnis der kognitiven Metapherntheorie

Lakoff und Johnson haben in beeindruckenden Publikationen belegt, dass unser Denken in großem Ausmaß metaphorischer Natur ist. Komplexe, schwierig zu erfassende Phänomene denken wir in Bildern, die einfacher gestalteten Erfahrungen entspringen. Die Analyse von Metaphern gibt daher eine Antwort auf die Frage, wie wir die Welt aus altbekannten Mustern konstruieren. Allerdings reflektieren sie ihre eigene Methode der kognitiven Linguistik nicht in Bezug auf ihre wissenschaftstheoretischen Vorannahmen. Versucht man diese zu rekonstruieren, kann die Analyse der Metaphern auch helfen zu verstehen, welches Wissenschaftsverständnis die kognitive Linguistik in sich trägt. Die Eingangsseiten des letzten gemeinsamen Werks von Lakoff und Johnson *Metaphors in the Flesh* (1999) sind aufschlussreich: „These are three major *findings* of cognitive science" (ebd. S. 3); „Because of these *discoveries,* philosophy can never be the same again" (ebd.). Schon auf den ersten beiden Seiten, aber auch später, findet sich zur Selbstbeschreibung der kognitiven Metapherntheorie eine Häufung

© Springer Fachmedien Wiesbaden GmbH, ein Teil von Springer Nature 2018
R. Schmitt et al., *Systematische Metaphernanalyse,*
https://doi.org/10.1007/978-3-658-21460-9_4

von „findings" und „discoveries". Ein mögliches Konzept könnte in einer ersten Näherung so formuliert werden: Die kognitive Linguistik „findet" und „entdeckt" die Welt wie Naturforscher des 17.–19. Jahrhunderts – also neue Kontinente, neue Schmetterlinge und die Quellen des Nils. Als Gegensätze werden „a apriori *philosophical speculation*" und bloße *„assumptions"* (ebd.) genannt. Ihre Darstellungsweise ist von dieser Metapher einer faktensammelnden Wissenschaft durchdrungen, die Gesetzesaussagen treffen kann: „The mind is inherently embodied." – „Thought is mostly unconscious" (ebd). Die Praxis dieser kognitiven Metapherntheorie arrangiert eine metaphorische Selbstpräsentation als Naturwissenschaft, die sich von bloß philosophischer Spekulation abhebt.

Wenn man wie Lakoff und Johnson davon ausgeht, dass Metaphern eine solche universale Bedeutung haben, müsste dies für das eigene Unterfangen ebenso gelten; es müsste die Problematik der Reflexivität aufgenommen werden, dass Metaphernforschende ihrerseits in Metaphern denken und forschen. Unsere These lautet, dass Lakoff und Johnson in den oben genannten Passagen unter positivistischen Vorzeichen beschreiben, was sie unternehmen, wenn sie eine Metapher als Metapher verstehen, und dass es nicht um die Anwendung von Naturgesetzen geht, wenn einzelne metaphorische Aussagen aufgrund wahrgenommener Gemeinsamkeiten zu Konzepten zusammengesetzt werden. Noch deutlicher wird es in Lakoffs Fallstudien über die amerikanische Innen- und Außenpolitik (Lakoff 2002), aus denen er konkrete Interpretationen ableitet: Das Begreifen des eigenen Verstehens und Deutens fehlt; es geschieht stattdessen mit dem Gestus des gegenstandssicheren Zeigens auf Redewendungen, deren Kontext nicht weiter dokumentiert wird. Die Ergebnisse werden so präsentiert, als seien sinnhaft zu Konzepten geordnete Metaphern naturwissenschaftliche Phänomene wie eine neue Käferart oder ein frisch ausgegrabenes Hominiden-Fossil. Lakoff und Johnson konstruieren metaphorische Gegenständlichkeiten und unterschlagen ihre eigene Deutungsarbeit, denn die Identifikation von Metaphern einerseits und die Rekonstruktion von metaphorischen Konzepten andererseits sind von Kompetenzen der Interpretierenden zum Sinnverstehen abhängig. Dieses Ordnen nach sinnhaften Bezügen kann nicht in einem naturwissenschaftlichen Sinn algorithmisiert werden, das zeigen gerade Lakoffs Exkurse zu den Grenzen der künstlichen Intelligenz (Lakoff 1987, S. 338–352). Gegen dieses positivistische Selbstverständnis der kognitiven Linguistik lässt sich argumentieren, dass ein Verstehen von Metaphern aus den Bemühungen eines in dieser Kultur sozialisierten Subjekts resultiert, das Sinn und Zusammenhang sucht. Die Identifikation von Metaphern und metaphorischen Konzepten kann daher als hermeneutischer Prozess beschrieben werden. In Anlehnung an die Kritik von Habermas an Freud könnte man von einem „szientistischen Selbstmissverständnis" der kognitiven Linguistik sprechen

(Habermas 1968, S. 300): Sigmund Freud hatte wiederholt die Zuversicht geäußert, dass die Psychoanalyse als Naturwissenschaft verstanden werden könne. Habermas (1968, S. 300–332) hat herausgearbeitet, dass Freud stattdessen eine Hermeneutik entwickelt hat. Wir schlagen eine ähnliche Betrachtungsweise der kognitiven Linguistik vor: Lakoff und Johnson haben keine neue Naturwissenschaft, sondern eine spezielle Hermeneutik begründet.

4.2 Erste Orientierung an Gadamers Verständnis von Hermeneutik

Der Vorschlag, die Metaphernanalyse als Hermeneutik zu verstehen, ist nicht neu. Hesse (1995) bezog sich in ihrer Darstellung des Verstehens von Metaphern auf die Hermeneutik Gadamers. Wir orientieren uns ebenfalls zunächst an Gadamers *Wahrheit und Methode* (1986, Orig. 1960). Gadamer bestimmt die Gegenstände des Verstehens in Anlehnung an Heidegger: Verstanden werden könne, was von der gleichen „Seinsart der Geschichtlichkeit" (Gadamer 1986, S. 266) sei – d. h., kulturell entwickelte Phänomene sind der Anlass eines Verstehensversuchs, nicht naturwissenschaftlich-ahistorische Gegenstände, die Lakoff und Johnson imaginieren.

Das Subjekt, das sich bemüht zu verstehen, wird von Gadamer nicht als Störfaktor einer wissenschaftlichen Operation, sondern als deren Ausgangspunkt gedacht: Verstehen ist für Gadamer eine Erweiterung der eigenen Partikularität in eine „höhere Allgemeinheit" (Gadamer 1986, S. 310). Wer versteht, hat seine singuläre Eingeschränktheit um weitere symbolische Verknüpfungen erweitern können, Verstehen führt zur Veränderung des Interpreten oder der Interpretin. Die Vorurteile des Subjektes sind notwendige Bedingungen, um in den Zirkel des Verstehens hineinzukommen; sie korrigieren sich als Verstehensentwürfe im Fortgang desselben (ebd., S. 270–281). Diese Erfahrung des Verstehens an der Barriere zwischen Verstandenem und Unverstandenem formuliert er mit der Metapher „Horizontverschmelzung" (ebd., S. 311). Damit impliziert Gadamer einen emphatischen Begriff der Subjektivität – kein Verstehen ist ohne ein interpretierendes Subjekt und seine Vorurteile („Horizonte") denkbar, die sich im Verlauf des Verstehens erst erweitern.

Die besondere Positionierung des oder der Verstehenden impliziert kein Verhaften am Standpunkt des Subjekts. Gadamer stellt die Interpretierenden in die Wirkungen der Geschichte hinein. Uneinholbar liege historisch vor ihnen, was deren Verstehen und Entwerfen erst ermögliche. Die Geschichte der Wirkungen, in der man stehe, könne nie umfassend begriffen werden (ebd., S. 305 f.). Die Interpretierenden sind selbst Produkt der kulturellen Überlieferung und können die Vielzahl der Bezüge nie ganz überschauen, die sie zu dem gemacht haben, was sie sind. Jedes Verstehen symbolischer Bezüge ist damit ein Verstehen der eigenen kulturellen Prägungen. Gadamers Hermeneutik impliziert eine demütige Position der Interpret/innen – sie können die Sinnzusammenhänge, in die sie verstrickt sind, nur begrenzt durch methodische Regularien kontrollieren. Diese Auffassung des Verstehensvorgangs als reflexive Erhellung von fraglos gegebenen Sinnzusammenhängen einer Kultur lässt sich auf das von Lakoff und Johnson implizit gegebene Bild gut übertragen, in eine nicht überschaubare Welt vorhandener Metaphorisierungen hineingeboren zu sein. Hermeneutische Rekonstruktionen sind daher prinzipiell unabschließbar.

4.3 Kritik und Erweiterung der Hermeneutik durch Habermas

Gadamers Überlegungen haben erst in der Vermittlung durch Habermas Eingang in die Sozialwissenschaften gefunden. Habermas (1967) betont den Stellenwert von Gadamer für eine kritische Besinnung der Sozialwissenschaften und als Ausgangspunkt für eine Kritik ihrer verdinglichenden Methodologien und folgt dessen Verständnis von Hermeneutik:

> Hermeneutik bezieht sich auf ein ‚Vermögen‘, das wir in dem Maße erwerben, als wir eine natürliche Sprache ‚beherrschen‘ lernen: auf die Kunst, sprachlich kommunizierbaren Sinn zu verstehen und, im Falle gestörter Kommunikation, verständlich zu machen (Habermas 1970, S. 73).

Er begreift Hermeneutik als ein praktisches Wissen und Vorverständnis der Welt, welches die Bildung von Standards der Reflexion und ihre Beschreibung erst ermögliche. Hermeneutisches Verstehen sei weder der Theorie noch der Erfahrung zuzuordnen, da es beiden logisch (und entwicklungspsychologisch) zuvorkomme und die Schemata möglicher Weltauffassung erst bilde (Habermas 1970, S. 167–172). Habermas sieht die Grenzen des Gadamer'schen Ansatzes unter anderem in der neurotischen oder ideologischen Verzerrung des Sprachspiels, welche die durch Hermeneutik verstehbare Struktur umgangssprachlicher Kommunikation hintergehe und eine Grenze des Verstehens bilde (Habermas 1970, S. 83 ff.). Er wirft Gadamer einen Mangel an konkreter hermeneutischer und methodischer Reflexion vor, dieser habe „Wahrheit" und „Methode" als Opposition konstruiert und damit Hermeneutik und methodische Erkenntnis unnötig gegeneinander ausgespielt. Die Handlungswissenschaften müssten jedoch empirisch-analytische Verfahrensweisen mit hermeneutischen verbinden, sie könnten sich vom „Geschäft der Methodologie" nicht dispensieren (Habermas 1967, S. 173).

Metaphern sind in diesem Verständnis kulturelle und kognitive Muster, die zwar im strengen Sinne keine ideologisch oder neurotisch verzerrte Kommunikation darstellen (müssen), deren Rekonstruktion wegen ihres nicht immer offen erkennbaren Sinns aber ein methodisch geleitetes Verstehen erfordern. Habermas (1970, S. 81–82) beschreibt darüber hinaus sensomotorische Schemata nach Piaget als sprachunabhängige und damit einer Hermeneutik nicht zugängliche Strukturen, was im Licht späterer Entwicklungen eine nicht nachvollziehbare Einschränkung ist. Die kognitive Metapherntheorie erweitert den Bereich der klassischen Hermeneutik, indem sie die verdeckten sozialen Bedeutungen und Nachwirkungen sensomotorischer Schemata ebenfalls erfasst (siehe Kap. 2). Aber auch bei diesen weiter gefassten Grenzen kann der Definition von Hermeneutik nach Habermas noch zugestimmt werden:

> Sinnverstehen richtet sich auf die semantischen Gehalte der Rede, aber auch auf die schriftlich fixierten oder in nichtsprachlichen Symbolsystemen enthaltenen Bedeutungen, soweit sie prinzipiell in Rede eingeholt werden können (Habermas 1970, S. 73).

Diese Definition, alle in Symbolsystemen enthaltenden Bedeutungen, sofern sie versprachlicht werden können, als Gegenstand verstehender Bemühung anzuerkennen, weist der Hermeneutik eine grundlegende Zuständigkeit für die Sozialwissenschaften zu – und damit auch der Metaphernanalyse.

4.4 Das Verstehen des Verstehens: Konstruktionen zweiter Ordnung

Bereits Schütz entwickelte in seiner frühen Diskussion der verstehenden Soziologie eine weitere Unterscheidung, welche auf die Diskussion des Verstehens in der qualitativen sozialwissenschaftlichen Forschung abzielte: Sozialwissenschaftliches Verstehen bezieht sich auf ein Verstehen des Verstehens. Schütz differenzierte, dass Forschende es mit bereits interpretierten Phänomenen zu tun hätten, und folgerte, dass ihre eigene Leistung also eine „Konstruktion zweiter Ordnung" sei (Schütz 2004b, S. 457). Jenseits des alltäglichen Verstehens unter pragmatischen Zwängen gehe es darum, ein Verstehen zweiter Ordnung zu ermöglichen, welches die Art und Weise, wie im Alltag verstanden werde, rekonstruiere. Dabei gibt es jedoch keine prinzipielle Differenz zwischen dem Verstehen im Alltag und dem Verstehen in der Wissenschaft. Letzteres funktioniert nach ähnlichen Regeln, unterscheidet sich davon aber im Ausmaß der erkenntnistheoretischen und forschungsmethodischen Reflexion (Bohnsack 2010, S. 26 ff.). Hier kann die Metaphernanalyse unmittelbar anschließen: Indem sie die metaphorischen Muster, durch die hindurch verstanden wird, selbst zur Sprache bringt, fungiert sie als Verstehen des (alltäglichen) Verstehens, als Verstehen zweiter Ordnung. Das Verstehen von Metaphern ist eine im Alltag sozialisierte Fähigkeit; in der Metaphernanalyse als sozialwissenschaftlicher Forschungsmethode helfen methodologische Reflexionen und forschungspraktische Regeln dem alltäglich geübten Verstehen in der Annäherung an das Fremde und ebenso bei der Distanzierung und Verfremdung des scheinbar gut Verstandenen.

▶ Die systematische Metaphernanalyse versteht sich als hermeneutische, sinnrekonstruierende Methode, die Konstruktionen zweiter Ordnung anbietet.

4.5   Singularisierende und pluralisierende Deutungen

Habermas hat sein Modell der hermeneutischen Interpretation in der Auseinandersetzung mit der psychoanalytischen Deutung einer Lebensgeschichte gewonnen. Dies hat dazu geführt, dass Habermas' Vorstellungen zur Hermeneutik nicht immer geteilt wurden. Vor allem Marquard (1984) hat gegen eine „singularisierende" Hermeneutik, die auf eine einzige und „wahre" Deutung eines Textes oder Sachverhalts hinaus will (und die er auch bei Habermas findet), und für eine „pluralisierende" Hermeneutik plädiert, die mehrere Lesarten und Deutungsmöglichkeiten eröffnet. Dieser Hinweis ist für die Methode der Metaphernanalyse vor allem deshalb wichtig, weil singularisierende Interpretationen, d. h. einen Text auf eine einzige Metapher zu reduzieren, in bisheriger qualitativer Forschung durchaus häufig sind (kritisch dazu: Thorne et al. 2002, S. 446). Sichler (1994) hat sich mit grundsätzlichen Überlegungen Marquard angeschlossen und für eine pluralisierende Hermeneutik in der Sozialforschung eingesetzt.

Dieser kurze Abriss der Diskussion der Hermeneutik in den Sozialwissenschaften soll als orientierender Hinweis für unsere Rahmung der Metaphernanalyse als eine spezifische Hermeneutik ausreichen, deren Vorgehensweise ab dem nächsten Kapitel erläutert wird.

4.6 Die Anschlussfähigkeit der Metaphernanalyse in den Sozialwissenschaften

Die Implementierung von Theorieelementen der kognitiven Linguistik in eine Forschungsmethode der qualitativen Sozialforschung sollte in sozialwissenschaftliche Denkweisen übersetzen können, was mit dem Begriff der „Metapher" bzw. des „metaphorischen Konzepts" gemeint ist. Dies aber ist eine offene Frage: Was haben wir, wenn wir metaphorische Konzepte rekonstruiert haben? Stellen Metaphern bzw. metaphorische Konzepte einen eigenständigen Begriff innerhalb der Sozialwissenschaften dar, oder lassen sie sich einer der bereits vorhandenen Begrifflichkeiten zu- oder unterordnen? Es gibt eine Vielzahl unterschiedlicher epistemologischer Hintergrundtheorien und damit verbundene Schulen qualitativer oder rekonstruktiver Forschung, was die Orientierung an leitenden Begrifflichkeiten erschwert (Lamnek 2005, S. 32; Flick 2007, S. 82–104). Zudem ist beim jetzigen Stand der Diskussionen nicht letztgültig zu entscheiden, welcher sozialwissenschaftliche Begriff dem der Metapher am nächsten kommt, denn die Menge der mit Metaphern assoziierten Konzepte ist umfangreich. So werden im Sammelband von Geideck und Liebert (2003) Metaphern in ihrem Verhältnis zu „Sinnformel", „Denkmuster", „Deutungsmuster", „Topos", „Leitbild", „Orientierungsmuster", „Habitus", „Rahmen", „Diskurs", „Handlungsorientierung" und „Schlüsselwort" explizit thematisiert, nebenbei finden sich noch Bezüge auf „Ideologie", „Identität", „Leitidee" und „Symbol".

Auch viele andere Autor/innen haben gesehen, dass das Phänomen „metaphorisches Konzept" in die Nähe vertrauter Begriffe und Theorien gehört:

- Wiedemann (1989) hat die Möglichkeit einer Metaphernanalyse als Analyse von Deutungsmustern mit Bezug auf Schütz und Garfinkel reflektiert.
- V. Kleist (1987) hat den Gegenstand der Metaphernanalyse vor allem durch Abgrenzung von dem Projekt „subjektive Theorien" nach Groeben und Scheele dahin gehend bestimmt, dass Metaphern keine rationalen, den Akteuren transparente Kognitionen darstellen.
- Buchholz und v. Kleist (1997), sowie Buchholz (1996) haben Metaphern im psychoanalytischem Kontext als Beziehungsentwürfe und Übertragungsmuster verstanden und die Metaphernanalyse zur Analyse von therapeutischen Beziehungen genutzt.
- Die Theorie der sozialen Repräsentationen nach Moscovici wurde mit Metaphern mehrfach verbunden (Wagner 1997; Kronberger 1999; Oberlechner et al. 2003; Wagner und Hayes 2005); in den meisten dieser Überlegungen gelten Metaphern als figurativer Kern einer sozialen Repräsentation.

- Zur Rekonstruktion des „Habitus" nach Bourdieu nutzen Schachtner (1999) in ihrer Analyse des ärztlichen Handelns und Geffert (2006) in seiner Arbeit über Haupt- und Förderschüler/innen eine von Lakoff und Johnson inspirierte Metaphernanalyse.
- „Skripte" im Sinn der kognitiven Psychologie und „tacit knowledge" nach Polányi wurden von Moser (2000) in einem Zusammenhang mit Metaphern gesehen.
- Maasen und Weingart (2000) haben Luhmann und Foucault als theoretischen Kontext ihrer bibliometrischen Metaphernanalysen hinzugezogen; hier sind Metaphern zentrale Elemente der zu untersuchenden Diskurse. Die Diskursanalyse nach Foucault im engeren Sinne wurde mehrfach (und verschieden) auf Metaphern bezogen (Döring 2005; Bock von Wülfingen 2007).
- Stadelbacher (2010) hat in Anknüpfung an Berger und Luckmann die Relevanz von Metaphern als basales Wissen aus leibkörperlicher Kommunikation für die Soziologie erarbeitet.
- Schmitt und Köhler (2006) haben den vernachlässigten Gegenstand der Alltagspsychologie in Weiterentwicklung von Heider (1958) und Bruner (1997) mit einer systematischen Metaphernanalyse verknüpft. Metaphern sind hier das zentrale Element alltäglicher Annahmen über sich und andere.
- Schmitt (2017a, S. 405–437) hat im Kontext von genderthematisierenden Analysen vorgeschlagen, Geschlecht als Schema bei der Analyse von Metaphern zu untersuchen, wie es von Bourdieu (2005) angeregt wurde.

Diese Vielzahl von Verknüpfungen verweist auf ein Problem: Die meist an Lakoff und Johnson orientierten Varianten der Metaphernanalyse sind zunächst, was die sozialwissenschaftlichen Hintergrundbezüge betrifft, heimatlos und auf eigene Verknüpfungen angewiesen. Lakoff und Johnson (1980, 1999, 2018), Lakoff (1987) und Johnson (1987) diskutieren zwar soziale, kulturelle und leibliche Bezüge der kognitiven Metapherntheorie – diese bleiben jedoch lose Anschlussmöglichkeiten ohne theoretische Differenzierung. Das ist allerdings auch eine Chance, die zur jeweiligen Forschungsfrage und disziplinären Einbindung kompatiblen theoretischen Verbindungen mit der Metaphernanalyse nach Lakoff und Johnson zu erarbeiten. Exemplarisch soll am Verständnis des sozialen Deutungsmusters die Begriffsarbeit vorgeführt werden.

4.7   Exemplarische Engführung von Metaphern und Deutungsmustern

Welcher Begriff aus dem Sprachspiel der Sozialwissenschaften steht dem einer mit Lakoff und Johnson gedachten Metaphorik noch am nächsten? Deutliche Verbindungen jedenfalls gibt es zum Begriff der „sozialen Deutungsmuster" (Wiedemann 1989). Dieser Begriff hat in der qualitativen Forschungsdiskussion nach einer ersten Ausarbeitung durch Oevermann im Jahr 1973 (abgedruckt 2001a) je nach Auswertungsverfahren unterschiedliche Nuancen erhalten (Lüders und Meuser 1997; Oevermann 2001b; Plaß und Schetsche 2001; Meuser 2011), die auf dem hier zur Verfügung stehenden Raum nur skizziert werden können.

▶ Eine Möglichkeit, die Wirkung und Reichweite metaphorischer Konzepte zu fassen, besteht darin, sie als Deutungsmuster zu betrachten.

Gemeinsamkeiten von sozialen Deutungsmustern und metaphorischen Konzepten
Meuser (2011) hat den Begriff der Deutungsmuster mehrfach aufgenommen: Mit Oevermann begreift er ein Deutungsmuster als ein Ensemble von Wissensbeständen, das eine innere Logik im Sinne eines nach inneren Konsistenzregeln strukturierten Argumentationszusammenhangs aufweise (Meuser 2011, S. 31). Ein Deutungsmuster beziehe sich funktional auf deutungsbedürftige Handlungsprobleme, gebe darauf eine verbindliche Antwort und sorge für eine wie selbstverständlich gültig gehaltene allgemeine Orientierung (ebd.). Deutungsmuster seien relativ autonom und eine eigenständige Dimension sozialer Wirklichkeit. Zwar seien sie mentale bzw. kognitive Strukturen, aber den Akteuren nicht diskursiv verfügbar (ebd. 32). Dies lässt sich auch für Metaphern formulieren: Das metaphorische Konzept „Zeit ist Geld" soll als Beispiel dienen, da es sich recht einfach aus alltäglichen metaphorischen Redewendungen rekonstruieren lässt: Man hat „keine Zeit zu verschenken", zu „vergeuden" oder zu „verlieren", stellt sich die Frage, ob sich ein Aufwand „zeitlich lohnt", sich Zeit für jemanden zu „nehmen". Das metaphorische Konzept „Zeit ist Geld" bereitet uns nicht nur auf die Kosten der Arbeitszeit bei Autoreparaturen und von Therapiegesprächen vor, es lässt uns auch sofort vermuten, dass neue digitale Kommunikationsdienste unsere Finanzen je nach Übertragungsdauer belasten (Lakoff und Johnson, 2018, 15 ff.; 1980, 7 ff.). Eine Parallelisierung dieses metaphorischen Konzepts mit dem des sozialen Deutungsmusters ist vor allem deshalb reizvoll, weil Weber

1905 die Genese dieses Deutungsmusters in seiner Studie *Asketischer Protestantismus und kapitalistischer Geist* bereits historisch hergeleitet hat. Weber betreibt an diesen Stellen, indem er die Texte eines puritanischen Seelsorgers, Richard Baxter, paraphrasiert, eine Art Proto-Metaphernanalyse, indem er typische und bedeutungstragende Metaphern des Predigers explizit zur Kennzeichnung eines Denkmusters nutzt:

> Nicht Muße und Genuss, sondern nur Handeln dient nach dem unzweideutig geoffenbarten Willen Gottes zur *Mehrung* seines Ruhms. *Zeitvergeudung* ist also die erste und prinzipiell schwerste aller Sünden. Die Zeitspanne des Lebens ist unendlich kurz und *kostbar*, um die eigene Berufung ‚festzumachen‘. *Zeitverlust* durch Geselligkeit, ‚faules Gerede‘, Luxus, selbst durch mehr als der Gesundheit nötigen Schlaf – 6 bis höchstens 8 Stunden – ist sittlich absolut verwerflich. Es heißt noch nicht wie bei Benjamin Franklin: ‚*Zeit ist Geld*‘, aber der Satz gilt gewissermaßen im spirituellen Sinn: Sie ist unendlich *wertvoll*, weil jede *verlorene Stunde* der Arbeit im Dienst des Ruhmes Gottes *entzogen* ist (Weber [1905] 1973, S. 359, Kursivierung der Metaphern: R.S.).

Die zuspitzende Zitierung der Metaphern des Predigers durch Weber zielt auf das von Franklin formulierte metaphorische Konzept, das Zeit und Geld in eins setzt. Webers Sensibilität für relevante Metaphern und deren innere Verbindungen rekonstruiert das zeittypische Denkmuster. Dieses von Weber wie von Lakoff und Johnson beschriebene Denkmuster zeigt, dass Merkmale der Deutungsmuster (Lüders und Meuser 1997, S. 59) auch für diesen Typus metaphorischer Konzepte dienen:

- Metaphorische Konzepte sind wie Deutungsmuster Antworten auf objektive Handlungsanforderungen in einer bestimmten historischen Situation.
- Metaphorische Konzepte sind als Deutungsmuster subjektunabhängig als kollektive Sinngehalte in einer bestimmten Gesellschaft zu finden.
- Metaphorische Konzepte besitzen wie Deutungsmuster normative Geltungskraft. Der Geltungsbereich metaphorischer Deutungsmuster variiert zwischen der Gesamtgesellschaft und einzelnen sozialen Gruppen.
- Metaphorische Konzepte sind als soziale Deutungsmuster intern konsistent strukturiert und generieren eine unbegrenzte Anzahl von Metaphern, die das metaphorische Konzept in unterschiedlichste Alltagssituationen transportieren.
- Metaphorische Konzepte sind wie Deutungsmuster auf einer latenten Ebene angesiedelt und sind nur begrenzt reflexiv verfügbar.
- Metaphorische Konzepte sind als Deutungsmuster autonome kulturelle Gebilde, sind historisch entwickelt und veränderbar.

Diese Parallelisierung der Kennzeichen von sozialen Deutungsmustern und metaphorischen Konzepten zeigt, dass starke Überlappungen zu verzeichnen sind. Metaphorische Konzepte lassen sich also durchaus stimmig als soziale Deutungsmuster fassen.

Unterschiede zwischen sozialen Deutungsmustern und metaphorischen Konzepten
Es zeigen sich jedoch unnötige Einschränkungen, wenn wir metaphorische Konzepte *nur* als soziale Deutungsmuster im Sinne von Lüders und Meuser sehen wollen. Die Rekonstruktion metaphorischer Konzepte geht in drei Hinsichten nicht darin auf, nur soziale Deutungsmuster zu präsentieren:

• Der Begriff der „sozialen Deutungsmuster" negiert die Relevanz individueller Deutungsmuster als unzuverlässige Schwundstufen bzw. lässt diese in einer unfruchtbaren Opposition dazu erscheinen; abweichende und unübliche Metaphernproduktion lässt sich damit nicht erfassen.
• „Soziale Deutungsmuster" erscheinen als leibferne Konstrukte und lassen die Reflexion über ihre Verkörperung wenig sinnvoll erscheinen; wenn man sich bei dem metaphorischen Konzept „Zeit ist Geld" an die vielfältigen körperlichen Implikationen sozialer zeitbeschränkter Interaktion erinnert, von der Sozialisation in Zeitrhythmen in einer Kindertagesstätte bis hin zur körperlichen Verspannung, die einem beim Stau auf der Autobahn ereilt, dann sind das Phänomene, die der Begriff der Deutungsmuster nicht einholen kann. Im Unterschied dazu sind Metaphern jedoch fähig, auch dies abzubilden.
• Der individuelle und doch soziale Erwerb von Deutungsmustern ist eher mit der Metaphernanalyse als mit den bisherigen Ansätzen der Deutungsmusteranalyse zu begreifen; es gibt eine Reihe von entwicklungspsychologischen Studien, wie z. B. das Herz als Metapher für Gefühle in Kinderbüchern vermittelt wird (Gottfried und Jow 2003; Colston und Kuiper 2002).
• Deutungsmuster werden in aller Regel durch sequenzielle Analysen in der Tradition der Oevermannschen Objektiven Hermeneutik entwickelt – bisherige Metaphernanalysen gehen mit ganz wenigen Ausnahmen nicht sequenziell vor: Metaphern scheinen Texte in einer anderen Weise zu organisieren als es die Logik der Sequenzialität nahelegt.

4.8   Über das Beispiel hinaus: Ein Anschluss schließt andere nicht aus

Metaphorische Konzepte lassen sich als soziale Deutungsmuster verstehen, als mentale, aber den Akteuren nicht zugängliche Wissensbestände, mit denen sie Handlungsprobleme einer bestimmten gesellschaftlichen Situation deuten (ausführlicher: Schmitt 2017a, S. 117–132). Aber metaphorische Konzepte lassen sich auch als habituell und sinnlich verankerte Wahrnehmungs- und Erzeugungsregeln fassen, die in der kollektiven Praxis des Lebensvollzugs wirken und dabei Gefühl und Handeln sinnhaft verbinden, wie es Bourdieu vorschwebt (zum Verhältnis von Metaphernanalyse und Bourdieu siehe: ebd., S. 133–144). Darüber hinaus lassen sich metaphorische Konzepte als Kondensate von Diskursen im Sinne Foucaults begreifen, in denen die gesellschaftliche Ordnung des Wissens abgebildet wird (ebd., S. 161–175). All diesen Bestimmungen ist gemeinsam, dass sie die Sozialität von Wissen und Erkennen betonen – und damit ein Kernthema der Wissenssoziologie berühren (ebd., S. 179–187). Metaphorische Konzepte bilden darüber hinaus auch das stärker individuell akzentuierte, fraglos-gegebene Wissen der Alltagspsychologie und des ‚common sense‘ ab (ebd., S. 148–160).

Gleichzeitig sind bei jedem Vergleich der Begriffe Einschränkungen zu diskutieren, die hier nicht mehr einzeln aufgezählt, sondern zusammengefasst werden sollen: Metaphorische Konzepte bilden nicht nur sozial geteilte Wissensformen ab, sondern auch individuelles Wissen, und erlauben dabei auch Neuprägungen, die ihrerseits auf Gesellschaft wirken. Metaphorische Konzepte sind darüber hinaus nicht nur in der Weise, die Bourdieu beschreibt, körperlich verankert, sondern auch durch weitergehende, von unserem biologischen Funktionieren abhängige einfachste kognitive Schemata (Johnson 1987). Gegenüber der Organisation des Wissens in narrativen Formaten scheint Metaphern eine einfachere, gestalthaftere und weniger explizit zugängliche Form zuzukommen, auch wenn das Verhältnis von Narration und metaphorischem Konzept derzeit nicht als geklärt gelten kann. Während mit den Begriffen des sozialen Deutungsmusters, des Habitus und der sozialen Repräsentation schon die jeweiligen theoretischen Vorannahmen das zu untersuchende Phänomen präfigurieren, schränken Metaphernanalysen dieses und damit die möglichen Forschungsfragen weniger durch solche Vorannahmen ein. Umgekehrt ist jedoch zu bedenken, dass sich die Metaphernanalyse in ihrer derzeitigen Fassung auf eine bestimmte Klasse von sprachlichen Phänomenen beschränkt. Die tatsächlichen Auswirkungen dieser Einschränkungen auf die Möglichkeit der Durchdringung des zu untersuchenden Phänomens hängen von der konkreten Fragestellung ab, ergänzende Auswertungsmethoden sollten bei erkanntem Bedarf in reflektierter Triangulation hinzugezogen werden.

▶ Die Metaphernanalyse erlaubt einen vielfältigen Anschluss an Konzepte der qualitativen Sozialforschung. Ob und welche Konzepte herangezogen werden, hängt in erster Linie von der Forschungsfrage ab. Zu diskutieren sind jeweils das Verhältnis der Konzepte und sich aus der Verschränkung ergebende Gewinne und Einschränkungen.

Zusammenfassend lässt sich sagen, dass kein in der qualitativen Forschung akzeptierter Begriff dem des metaphorischen Konzepts näher als andere käme. Die Suche nach dem passendsten verwandten Begriff in den Sozialwissenschaften sollte daher von jeder Studie und ihrer konkreten Forschungsfrage eigenständig beantwortet werden.

Aufgabe
In welchen (erkenntnis-)theoretischen Traditionen und Theorien stehen Sie? Gibt es schon Studien, welche zentrale Begriffe Ihres Denkens mit der kognitiven Metapherntheorie abgleichen? (Recherche!)

Übersicht über den Ablauf und die Vorstufen der Metaphernanalyse (Methode 1)

5

Nach einer kurzen Verortung der Metaphernanalyse in der qualitativen Forschungslandschaft werden in diesem Kapitel zunächst die sieben Stufen einer Metaphernanalyse überblicksartig skizziert und anschließend in den nachfolgenden Kapiteln ausführlich dargestellt. Begonnen wird hier mit den sogenannten Vorstufen einer Metaphernanalyse, d. h. konkret mit der Klärung der Forschungsfrage und des Zielbereichs, der Sammlung vergleichender Hintergrundmetaphoriken und der Eigenanalyse.

5.1 Metaphernanalyse als qualitative Auswertungsmethode

Für die umfangreichen Varianten qualitativer Forschung haben sich Systematisierungen etabliert, aber es scheint, als ob die Metaphernanalyse sich nicht so einfach einordnen lässt. So unterscheiden Flick und andere (Flick, v. Kardorff und Steinke 2012, S. 19 f.; Lamnek 2005, S. 28) drei Hauptstränge qualitativer Forschung: a) die Erforschung subjektiver Sichtweisen, b) die Rekonstruktion der Herstellung und des Ablaufs von Interaktionen und c) die Analyse der Strukturen sozialer Felder und latenten Sinns. Metaphernanalysen werden jedoch, das zeigt die Übersicht über ihre Verwendung von der Soziologie über die Erziehungswissenschaft und andere bis zur Psychologie (Schmitt 2017a), auf allen drei Ebenen eingesetzt. Die Einordnung in eine solche Systematisierung hätte also das Risiko, das Potenzial der Metaphernanalyse zu verkürzen und sie unpassenden Kategorien zuzuordnen. Ihr Profil ist ein anderes: Metaphernanalyse zielt auf kulturell verbreitete, sozial situierte und individuell produzierte Muster des Sprechens, Denkens, Fühlens und Handelns, durch die hindurch Subjekte ihre Welt herstellen

© Springer Fachmedien Wiesbaden GmbH, ein Teil von Springer Nature 2018
R. Schmitt et al., *Systematische Metaphernanalyse,*
https://doi.org/10.1007/978-3-658-21460-9_5

sowie wahrnehmen. Diese Muster zeichnen sich durch die Übertragung älterer Erfahrungen auf andere aus, lassen sich in der Regel sprachlich verfassen und hermeneutisch rekonstruieren. „Erfahrung" wird nicht in einem nur individuellen Sinn verstanden; vielmehr wird das sprachliche Reservoir einer Kultur als Sammlung von gedeuteten Erfahrungen begriffen, die (in unterschiedlichem Ausmaß und mit sozial bedingter Selektion des Angebots) individuell angeeignet werden.

5.2   Eine erste Übersicht: Die Ablaufskizze einer systematischen Metaphernanalyse

Anmerkung zur Entwicklungsgeschichte
Der älteste Entwurf einer systematischen Metaphernanalyse basierte auf einer dreiteiligen Methodik, die in einem komplexen, mit der Inhaltsanalyse nach Mayring vergleichenden Design enthalten und nicht als eigene Methode herausgestellt worden war (Schmitt 1995, S. 117 f.). Die Zwischenphase einer eigenständigen Methode mit weiteren Schritten (Schmitt 1997, 2003; aufgenommen in Kruse, Biesel und Schmieder 2011) wurde durch die Ergänzung um die Heuristik der Interpretationsgewinnung und der Entwicklung methodenspezifischer Gütekriterien mit einem siebenstufigen Verfahren abgeschlossen (Schmitt 2007a, b), das seitdem nicht mehr verändert, in seiner Ausgestaltung allerdings stets verfeinert wurde (vgl. Schmitt 2017a).

Übersicht über den Ablauf einer systematischen Metaphernanalyse
Die Metaphernanalyse ist eine Auswertungsmethode und bedarf daher der sinnvollen Einbettung in das Design einer Studie. Forschungswerkzeuge sind nicht beliebig auswähl- und kombinierbar, sondern Auswahl und Kombination müssen über das Forschungsdesign begründet werden (Reichertz 2007b, S. 279; Mayring 2007b). Daher umfasst die folgende Darstellung alle Schritte einer qualitativen Forschungsstudie, nicht nur die Auswertung.

a) **Indikation klären, Zielbereiche identifizieren**
   Ist die Metaphernanalyse im Hinblick auf Forschungsfrage, Hintergrundtheorie(n) und zu untersuchendes Phänomen sinnvoll? Die Bestimmung des zu untersuchenden Phänomens ergibt dann die Zielbereiche einer Metaphorisierung.
b) **Der kontrastierende Hintergrund und die Eigenanalyse**
   Um die kulturell übliche Metaphorisierung eines Themas zu erfassen, wird ein Horizont von möglichen Metaphernfeldern zu den Zielbereichen aus heterogenen Materialien gesammelt (Lexika, Broschüren, Zeitungen, Protokolle, Publikationen u. a.). Diese Sammlung dient als kultureller Vergleichshorizont und, falls notwendig, als weitere Einübung in die Metaphernanalyse.

Die eigenen Metaphern der Interpret/innen für das Thema werden anhand von Eigeninterviews, eigener Publikationen oder Ähnlichem erhoben, da sie sonst als gegeben hingenommen und übersehen werden. Diese Vorbereitung ermöglicht eine Reflexion der Standortgebundenheit der Interpret/innen und sensibilisiert ebenfalls für metaphorische Sinnstrukturierungen.

c) **Erhebung des Materials**

Da die Metaphernanalyse durchaus aufwendig ist, wird ein sparsames Sampling („theoretical sampling" im Sinne der Grounded-Theory-Methodologie, vgl. Glaser und Strauss 1998) als fortlaufende Erhebung oder eine „maximale Variation der Perspektive" (Kleining 1995) mit einer einmaligen Erstellung eines Korpus vorgeschlagen. Metaphernanalysen können alle schriftlichen Dokumente nutzen (Gesprächsaufnahmen, Internetmaterialien, Briefe, Gerichtsurteile, theoretische Literatur u. a.).

d) **Systematische Analyse einer Gruppe/eines Einzelfalls**

Metaphern lenken die Aufmerksamkeit; daher ist ihre Identifikation und die Sinn verstehende Rekonstruktion von Konzepten methodisch besonders zu kontrollieren. Wie bereits bei Koch und Deetz (1981) wird eine strikte Zweiteilung vorgeschlagen:

Die Texte werden in ihre metaphorischen Bestandteile in einer Wort-für-Wort-Analyse zergliedert; alle metaphorischen Wendungen samt ihres unmittelbaren Textkontextes werden in einer separaten Liste erfasst.

Metaphorische Konzepte werden aus dieser Liste durch systematische Vergleiche rekonstruiert und stellen die Grundlage für die weitere Interpretation dar. Dieser zentrale und als Hermeneutik zu fassende Schritt identifiziert die in einem lokalen Text vorkommenden metaphorischen Muster.

Die beiden Schritte sind zu trennen, um vorschnelle und überinterpretierende Deutungen zu vermeiden, was jedoch nicht ausschließt, in späteren Durchgängen zirkulär auf das Ausgangsmaterial zurückzugreifen. Je nach Forschungsfrage erfolgen sie einzelfall- oder gruppenbezogen.

e) **Interpretation mithilfe einer Heuristik**

Die Rekonstruktion der in den metaphorischen Konzepten enthaltenen Implikationen bedient sich einer Heuristik, in der typische Ausgangspunkte von möglichen Interpretationen genannt werden (Schmitt 2003): der Vergleich metaphorischer Modelle untereinander, die Analyse von aufmerksamkeitsfokussierenden und -ausblendenden Funktionen des jeweiligen metaphorischen Konzepts etc.

f) **Triangulation, Gütekriterien, Verallgemeinerung**

Die Notwendigkeit einer Triangulation der Auswertungsmethoden ist von der Forschungsfrage abhängig: Zielt die Forschungsfrage über Phänomene hinaus, die von der Metaphernanalyse allein rekonstruiert werden können, ist die

Einbeziehung anderer Methoden sinnvoll; so scheint zum Beispiel bei einer Analyse von Gesprächsabläufen die Kontrastierung mit der Gesprächsanalyse gewinnbringend (Schröder 2015 und hier im letzten Kapitel). Gütekriterien einer Metaphernanalyse werden in Anlehnung an die neuere Diskussion von Gütekriterien in qualitativer Forschung (Steinke 2012) diskutiert (unter anderem Ausdifferenziertheit der gefundenen metaphorischen Konzepte, Ausmaß ihrer Sättigung mit Material, Ausführlichkeit der Rekonstruktion ihrer Implikationen).

g) **Darstellung**
Möglich sind narrative, tabellarische und visuelle Darstellungen der gefundenen metaphorischen Konzepte und ihrer (konkurrierenden) Sinngehalte.

Exkurs zu Forschenden aus anderen Schulen qualitativer Forschung
Eine Annahme der kognitiven Metapherntheorie besteht darin, dass wir Unvertrautes durch vertraute Schemata strukturieren. Das gilt auch für das Erlernen der Metaphernanalyse, wie wir in Workshops zur Metaphernanalyse erfahren haben:

- Wer mit Mayrings Inhaltsanalyse vertraut ist, neigt oft dazu, thematisch stimmige, aber nicht bildlich verbundene Redewendungen zusammen zu stellen, und dann dieser thematisch orientierten Sammlung eine vertraute Konzeptbenennung deduktiv zuzuordnen.
- Wer in Verfahren sozialisiert wurde, die sequenziell vorgehen, entwickelt oft bei der Metaphernerkennung extensive Überlegungen, ob eine Formulierung metaphorisch gemeint sein könnte, und verliert die einfacheren Fragen aus dem Blick, ob ein bildlicher Quellbereich der Metaphorik gut zu erkennen und ob gleichzeitig ein Zielbereich der Übertragung vorhanden ist – mehr ist beim ersten Schritt der Metaphernanalyse gar nicht verlangt. Einzelne sprachliche Auffälligkeiten erhalten in der Metaphernanalyse erst ein Gewicht, wenn sich ein Konzept am gesamten Text sättigen lässt.
- Forschende mit einem Hintergrund in der Grounded Theory haben einen anderen Begriff davon, was ein Konzept ist, und neigen dazu, bildlich nicht stimmige native Codes einer gemeinsamen Kodierung zuzuordnen.

Im folgenden Abschnitt des Kapitels sowie den beiden folgenden Kapiteln werden diese Schritte einer Metaphernanalyse ausgeführt.

5.3 Die Forschungsfrage: Indikation klären, Zielbereiche identifizieren

Zu Beginn wird die Bestimmung des Themas, die Präzisierung der Fragestellung und eine erste Planung von Erhebung und Auswertung in allen Anleitungen zu qualitativen Forschungsmethoden expliziert (z. B. Flick 2007, S. 122–141). Aber wann ist die Metaphernanalyse eine sinnvolle Auswertungsmethode? Sie ist indiziert bei einer Passung der Methode

a) auf der Ebene des zu untersuchenden Phänomens, wenn dies die Suche nach subjektiven wie (sub-)kulturellen Mustern des Fühlens, Denkens und Handelns umfasst,

b) auf der Ebene der Forschungsfrage, wenn diese als offen-entdeckende Suchrichtung angelegt ist,

c) auf der Ebene der Hintergrundtheorien der Forschenden, wenn diese sozialwissenschaftlichen Anschlussmöglichkeiten der Metaphern im Sinn von Einstellungen, Habitus, Deutungsmuster, sozialen Repräsentationen, Diskurs(en), folk models oder Ähnlichem suchen (vgl. Kap. 3).

Für die reine Rekonstruktion der Mechanismen der Gesprächsorganisation mögen konversationsanalytische Zugänge eher nützlich sein (Bergmann 2012), zur Entwicklung bereichsspezifischer Theorien ist die Grounded Theory angemessener (Glaser und Strauss 1998), zur ökonomischen Erfassung von Inhalten bei bereits entwickelten Kategorien wird die strukturierende Inhaltsanalyse nach Mayring (2007a) zweckdienlicher sein. Ferner ist davon auszugehen, dass manche Forschungsfragen die Triangulation unterschiedlicher Methoden nahelegen, so beispielsweise die Kombination der Grounded-Theory-Methodologie und Metaphernanalyse bei Schulze (2007) oder die Analyse von Metaphern in Gesprächen mit gesprächsanalytischer Ergänzung (Schröder 2015; siehe Kap. 11).

Wenn die Entscheidung für die Metaphernanalyse gefallen ist, muss genau geklärt werden, welche Zielbereiche im Fokus der Forschungsfrage stehen. Die Metaphernanalyse benötigt die vorherige Benennung von Themen, für welche die metaphorischen Konstruktionen gesucht werden. Am Beispiel eines eigenen Projekts: Es interessierte der Zielbereich „Abstinenz" (Schmitt 2002b) und damit die Frage, wie der Begriff und der damit beschriebene Zustand von Betroffenen selbst erlebt und konzeptualisiert wird. Die Benennung eines solchen Zielbereichs (auch mehrere sind möglich) und die offene Frage nach seiner Konstruktion stellt im hermeneutischen Sinn die notwendige Frage an den Text dar (vgl. Kap. 4). Die Formulierung der Frage zwingt dazu, das eigene Interesse zu explizieren und damit auch zu reflektieren, was vom Text erwartet wird. Sie elaboriert also das Vorurteil, ohne dass wir gar nicht in den hermeneutischen Zirkel zwischen Text und Interpret/in hineinkommen (ebd.). Das schließt Korrekturen nicht aus, zum Beispiel dass in der späteren Arbeit der Konzeptbildung auch Konzepte für Zielbereiche gebildet werden, an die vorher nicht zu denken war. So stellte sich bei der genannten Forschungsfrage heraus, dass die Metaphern der Abstinenz und des Alkoholkonsums große Überlappungen wie Verweisungen aufeinander bildeten, sodass es wenig sinnvoll war, nur die Metaphern der Abstinenz ohne diese Verbindungen zu untersuchen.

Die Bestimmung des Zielbereichs kann jedoch nicht nur zu eng, sondern manchmal auch zu weit gefasst sein: Dies sind gleichermaßen erste (und irritierende, vielleicht aussagekräftige) Befunde wie auch Hinweise, Forschungsfragen zu respezifizieren wie weiteres Material zu sammeln.

5.4   Der kontrastierende Hintergrund und die Eigenanalyse

Der folgende Abschnitt umfasst zwei Aufgaben, die der Qualität der Ergebnisse von Metaphernanalysen dienen: Die Entwicklung eines Gegenhorizonts in Form eines Lexikons möglicher Metaphernfelder zu den Zielbereichen soll Vergleichsmöglichkeiten entwickeln. Eine andere Art der Vorbereitung besteht darin, sich als Interpret/in der eigenen ungewusst gebrauchten Metaphern in methodischer Weise bewusst zu werden, weil diese sonst übersehen werden.

Vergleichshorizonte

Metaphern prägen das Denken im Allgemeinen, aber auch Weltsichten spezieller sozialer Milieus; der Philosoph Blumenberg beispielsweise geht sogar von einer „Hintergrundmetaphorik" ganzer Epochen aus (Blumenberg 1960, S. 69; vgl. Jäkel 2003b, S. 119–122). Die Differenz zwischen einer kulturell üblichen und einer in spezifischen Milieus genutzten Metaphorik kann daher zur Charakterisierung Letzterer genutzt werden. Diese methodische Überlegung lässt sich mit einem Seitenblick auf die „Dokumentarische Methode" erhärten: Bohnsack fordert für die Interpretation einen Standpunkt außerhalb des Rahmens einer untersuchten Gruppe, um eine für die Reflexion notwendige Distanz zu erhalten, das heißt Gegenhorizonte zu entfalten, die den Vergleich erst ermöglichen (Bohnsack 2010, S. 135–137).

Die Wichtigkeit des Wissens um diese metaphorischen „Gegenhorizonte" zeigte sich anhand einer späten Einsicht in einer früheren Publikation (Schmitt 1995, S. 220). Dort war nach Metaphern des Helfens und der Veränderung im

Rahmen der sozialpädagogischen Einzelfall- und Familienhilfe gesucht worden. Zwar konnten neun metaphorische Konzepte rekonstruiert werden, die unter anderem das psychosoziale Helfen in Bildern der Schule begriffen („er muss noch *lernen,* dass …"). Jedoch war die in der Gesprächspsychotherapie übliche organische Metaphorik des psychischen „Wachstums" nicht vertreten. Dieses Defizit hätte stärker zur Beschreibung der eingriffsorientierten Einzelfallhilfe beitragen können, in der solche Prozesse des „Wachstums" offenbar wenig Raum haben. Dieser Befund wäre deutlicher zu formulieren gewesen, wenn außerhalb des Samples nach weiteren Metaphern für Helfen und psychosoziale Veränderung gesucht worden wäre. Eine solche Suche zielt auf den gesamten kulturellen Kontext, ist also nie mit völliger Sicherheit einlösbar. Wir schlagen daher eine Recherche nach Metaphern für den eigenen Untersuchungsgegenstand außerhalb des engeren Forschungskontexts vor: Vor der späteren und gezielten Materialsammlung sollten Forschende in dieser vorbereitenden Phase möglichst heterogene Materialien, die ihr Thema berühren, nach Metaphern durchsuchen (Lexika, Zeitschriften, populärwissenschaftliche Darstellungen, Forschungsliteratur etc.). Die dabei entstehende Liste ermöglicht eine erste Übersicht über die kulturell möglichen metaphorischen Konzepte, in denen das zu untersuchende Phänomen wahrgenommen wird. Sie dient als kulturelle Folie, die vor allem das Fehlen metaphorischer Konzepte bemerken lässt, aber auch die Überinterpretation kulturell üblicher Metaphern im Sample zu verhindern hilft.

Inzwischen sind viele metaphernanalytische Studien zugänglich, die, wie es auch Bohnsack (2010, S. 135–137) für die dokumentarische Analyse fordert, in methodisch kontrollierter Weise den Gegenhorizont empirisch fundieren. So haben etwa für Fragestellungen der Politikwissenschaften Beer und de Landtsheer (2004, S. 15–22) sehr gründlich die unterschiedlichsten Quellbereiche zum Verstehen politischen Geschehens rekonstruiert: Politik als Körper, Krankheit und Tod, als Wettkampf, Spektakel, Kultur, Katastrophe und Gewalt, als Gesellschaft, Markt, Technik, Natur, Alltag und Familie. Diese groben Konzepte sind von beiden weiter ausdifferenziert worden (ebd.). Die inzwischen erschienenen Übersichten über Metaphernanalysen ermöglichen passende Recherchen (Schmitt 2017a).

Eigenanalyse: Standortgebundenheit – Metaphern, in denen Forschende leben
Bei der Vermittlung der Methode wie beim Rückblick auf zurückliegende eigene Interpretationen offenbart sich mitunter auch ein blinder Fleck: Untersuchende erkennen ihre eigene Metaphorik selten als solche und nehmen sie als „buchstäblich richtige" Beschreibung wahr. So wurde im benannten Projekt zur psychosozialen Beratung erst spät das metaphorische Konzept „Helfen ist handwerkliche

Arbeit" rekonstruiert, da die damit verbundenen Redewendungen („dann habe ich noch ein Gespräch mit ihm gemacht", „ich habe noch mit ihm zu tun", „Beziehungsarbeit" leisten) in der Interpretation zunächst gar nicht als metaphorisch erkannt wurden, da sie kohärent mit eigenen Deutungen waren (Schmitt 1995). Es scheint einfacher zu sein, auffällige, störende, den eigenen Vormeinungen nicht entsprechende Redewendungen als Metaphern wahrzunehmen. Diese Erfahrung erinnert an Gadamers Überlegung, dass wir als verstehende Subjekte immer auch in einer vorgängigen Vorurteilsstruktur befangen sind. Auch Bohnsacks Anmerkungen zur „Standortgebundenheit" der Interpretierenden nach Mannheim (Bohnsack 2010, S. 173–185) betonen die Notwendigkeit, die eigene Vorurteilsstruktur zu reflektieren. Sie ist als „Seinsverbundenheit des Wissens" (Mannheim 2005, S. 229 f.), die sich auch in der „Aspektstruktur" äußert, „wie einer eine Sache sieht, was er an ihr erfasst und wie er sich einen Sachverhalt im Denken konstruiert" (ebd., S. 234), auch in Metaphern zu finden. Nicht zuletzt machen auch Beiträge aus der Psychoanalyse zur Übertragungs- bzw. Gegenübertragungsanalyse im Prozess des Forschens (Devereux 1984) darauf aufmerksam, dass aufgrund der ungleich offeneren und die Person der Forschenden sehr viel stärker einbeziehenden qualitativen Forschung zwingend zur Selbstreflexion nötigende Prozeduren wie Supervision notwendig sind.

In der Literatur dominieren hier vor allem metaphorische Maximalanforderungen: Bourdieu und Wacquant (Wacquant 2006, S. 287–294) präzisieren diese Vorurteilsstruktur im Hinblick auf Macht und fordern eine Reflexion der gesellschaftlichen Verortung des oder der Forschenden im Abgleich zu der des erforschten Objekts, denn es gebe keine Position außerhalb des gesellschaftlichen Raums und seiner Machtphänomene. Diese „teilnehmende Objektivierung" erfordere *„den Bruch* mit den tiefsten und am wenigsten bewussten Einverständigkeiten und Überzeugungen" (ebd., S. 287, Herv. R.S.). Das „Wie" der Distanzierung bleibt im bloß Metaphorischen befangen („Bruch") und wird nicht systematisch forschungsmethodisch ausformuliert. Ähnlich fordert Soeffner mit Scheler „das bewusste und kontrollierte *Abstrahieren* des Interpreten von der eigenen Milieustruktur und der eigenen historischen Perspektive" (Soeffner 2004, S. 89, Herv. R.S.), ohne zu beschreiben, wie das bewerkstelligt werden könne. Schütz verlangt nicht weniger als einen kompletten Registerwechsel aller Interessen: Der Wissenschaftler habe „sein System alltäglicher Interessen durch das System seiner wissenschaftlichen Interessen *ersetzt"* (Schütz 2004a, S. 352, Herv. R.S.), da er als Forschender nicht mit der Sozialwelt zurechtkommen und nicht seine Position in ihr finden müsse. Eine ähnliche Idealisierung ist bei Bohnsack zu finden, wenn er zur *„Einklammerung* der […] Ansprüche auf Wahrheit und Richtigkeit" der zu untersuchenden Lebensäußerungen (Bohnsack 2010, S. 130, Herv. R.S.)

auffordert. Da unser eigenes Denken selbst metaphorisch strukturiert ist, bleiben diese (ihrerseits metaphorischen) Ratschläge an der Oberfläche, denn metaphorisches Denken ist nicht einfach wahr oder unwahr, richtig oder falsch. Der von seinen Sorgen und Interessen nie „gelöste" „uninteressierte Beobachter" kann seine Metaphern nicht einfach „einklammern". Trotz der Berufung auf Hermeneutik fehlt der Verweis auf die letztlich unauslotbare Tiefe der Vorstrukturiertheit der Forschenden. Die Forderung nach einer Reflexion der Standortgebundenheit von Forschenden ist in dieser Abstraktheit ein uneinlösbares Verlangen. Es geht eher darum, in den Zirkel des Erkennens hineinzukommen, also die eigenen ungewussten sprachlichen und kognitiven Prägungen in einer ersten Näherung zu identifizieren, statt das Unmögliche zu versuchen, von ihnen global abzusehen. Dafür benötigt es ein methodisches Prozedere: Es ist kein anderes als die folgenden Schritte zunächst auf sich selbst anzuwenden, idealerweise an eigenem Material mit Bezug zur Forschungsfrage (Mails, Tagebücher, eigene Aufsätze), und diese in Hinblick auf leitende metaphorische Konzepte zu analysieren.

Die hier vorgeschlagene Methode der Metaphernanalyse nähert sich dem Problem der Subjektivität anders als zum Beispiel eine Vorgehensweise, die mit mehreren Ratern und der Bestimmung der Interrater-Reliabilität sowohl bei der Identifikation der Metaphern wie der Konstruktion der metaphorischen Konzepte die Befunde sichert. Gegen dieses Vorgehen spricht, dass dabei der Prozess des Sinnverstehens auf eine einmalige Einschätzung verkürzt wird, was als Metapher bzw. als metaphorisches Konzept zu zählen ist. Das Verstehen von Sinnzusammenhängen ist jedoch mehr als eine Einschätzung: Es ist ein Bildungsprozess, in dem wir, wie es Gadamer beschreibt, die eigene Verstrickheit in die kulturelle Überlieferung selbst erkennen können. Das spricht nicht dagegen, die Auswertung in Gruppen zu treffen – im Gegenteil. Gruppen können – im Gegensatz zu einer einzelnen Person – die Gründe für eine Metaphern- oder Konzepterkennung facettenreich diskutieren. Aber auch Gruppen unterliegen dem Risiko einer fixierenden Einschätzung im Sinne einer möglichst hohen Interrater-Korrelation, wenn sie ihr Tun nicht als hermeneutisch orientierten Bildungsprozess verstehen. Darüber hinaus sind Auswertungsgruppen anderen, möglicherweise Erkenntnis einschränkenden Dynamiken der Macht und der Suche nach Anerkennung unterworfen (Reichertz 2007a, S. 203). Ein Konsens in einer Interpretationsgruppe kann ein Hinweis auf präzisere Interpretationen sein, muss dies aber nicht, wenn der (Aus-) Bildungsstand der Forschenden ungenügend, diese in Anerkennungsdynamiken in der Gruppe verstrickt und ihre eigene Konditioniertheit durch bestimmte Metaphern nicht reflektiert ist. Der wichtigste Schritt zur Qualitätssicherung muss also darin bestehen, sich der eigenen Muster gewahr zu werden – durch die Analyse der eigenen Metaphern.

5.5   Erhebung des Materials: Textsorten und Sampling

Für welches Material ist eine Metaphernanalyse geeignet?
Die Metaphernanalyse stellt nach bisherigen Erfahrungen an die Textsorte keine besonderen Anforderungen – bisherige Analysen nutzen von Interviews (Schmitt 1995) über Zeitungen (Baldauf 1997) und Beratungssprächen (Schröder 2015) bis zu Romanen (Barkfelt 2009) sehr unterschiedliche Textsorten. Zur Unterstützung der metaphernanalytischen Auswertung wurden Zeichnungen (Schachtner 1999) oder Feldforschungsnotizen (Hroch 2005) einbezogen.

Als derzeitige Grenzen der Erhebung sind nicht- oder parasprachliche Äußerungen zu notieren. Die Beobachtung, dass bildkräftige Gesten oft zur Unterstützung des Sprechens oder zu seinem Ersatz genutzt werden (z. B. eine „wegwerfende" Handbewegung oder: einer Person „den Vogel zu zeigen"), hat bisher zwar zu Ansätzen einer kognitiv-linguistischen Beschäftigung mit Gesten geführt (Schmidt 2007; Cienki und Müller 2008), die jedoch noch nicht als qualitative, Sinn verstehende Methode weiterentwickelt wurden. Weitere, bisher nicht überschrittene Grenzen des Ansatzes sind musikalisches bzw. akustisches Material, Bilder, Architektur und andere Formen „präsentativer Symbolik" (Lorenzer 1986). Innerhalb der kognitiven Metapherntheorie hat Forceville (2008) Überlegungen zur „multimodal metaphor" in Bildern und Filmen vorgelegt, jedoch noch keine sozialwissenschaftlich-empirische Übersetzung gefunden. Hier sind spannende Entwicklungen zu erwarten.

Die Authentizität des Materials ist im Hinblick auf Einflüsse der Erhebungssituation kritisch zu prüfen. Besonders bei Interviews ist darauf zu achten, dass Interviewende nicht umhinkommen, ihre eigene Metaphorik in das Interview einzubringen. Die davon ausgehenden Übernahmen der Metaphorik, aber auch davon ausgelöste Verstörungen und andere Folgen müssen unbedingt reflektiert werden; dies soll der folgende Ausschnitt aus einem Interview zeigen. Eine Sozialarbeiterin beschreibt, wie die von ihr betreute ältere Frau versucht, die Helferin zu „bemuttern" (vgl. Schmitt 2000b, S. 166 f.):

Helferin: „… oder wenn sie die Stimmen hört, die reden ihr ja manchmal auch ein, Rabenmutter zu sein, und dann hat sie eben Gewissensbisse, weil die Ehe damals halt so schlimm war, und sie denkt, dass das Kind viel davon abgekriegt hat von ihrem Frust. Und dass sie jetzt halt versucht, bei mir keine Rabenmutter zu sein, jetzt halt eine richtige Mutter zu sein, aber es ist schwierig."
Interviewer: „Und dir ist das zu dicht?"
Helferin: „Mir ist es, mir ist es zu dicht, ja. Sie weiß es aber auch, also sie nimmt mich in den Arm, und sagt dann gleich: „Ich weiß, ich weiß …" oder so, so war es zumindest gestern. „Aber ich freue mich halt so, dass Sie da sind." Mir ist es zu dicht, auf jeden Fall."

Was ist an dieser Stelle passiert? Der Interviewer versucht nach den Regeln der Interviewführung von Witzel (1989) durch Reformulieren und Spiegeln des Gesagten das Interview in Gang zu halten. Schneller als es seine theoretischen Überlegungen zulassen, hat er das für die Sozialarbeitern zu enge Verhältnis zur Betreuten in der Metapher, es sei „zu dicht" re-formuliert – also eine räumliche Metaphorik für das Beziehungsverhalten gewählt. Und da zögert die Sozialarbeiterin zunächst – die Kommata stehen in der Transkriptionsanleitung für eine kleine Pause mit Stimmsenkung – und erzählt dann, dass diese Beziehung nicht nur metaphorisch zu „dicht", sondern auch real-räumlich zu eng ist und ungern ertragene körperliche Berührung einschließt. Nachsetzend reformuliert die Helferin fast erleichtert den Fragesatz des Interviewers als Aussagesatz mit der Bestätigung: „auf jeden Fall". Hier wurde das Interview ungewollt zur supervisorischen Intervention. Der therapeutische Ansatz der sog. „Clean Language" (Lawley und Tompkins 2000) intendiert, die Metaphorik DER Klient/innen ohne Einmischungen der Beratenden zu explizieren. Diese Idee, nur wenige, einfache und nicht-metaphorische Fragen zu stellen, ist für die qualitative Forschung weiter entwickelt worden (Tosey, Lawley & Meese 2014). Beispiele dafür sind: Was für eine Art von X ist X? Ist da noch etwas anderes mit X? Wo ist X? Und X ist wie ...?; Und was passiert als nächstes? Wo kommt X her? Was passiert kurz vor X? (X = Worte der Befragten). Solche Dynamiken, die von einer Metapher induziert werden, sind bei der Auswertung später gesondert zu diskutieren (vgl. Kap. 7 zu Qualitätssicherung und Gütekriterien einer Metaphernanalyse). Für die Erhebung heißt dies, dass der Interviewstil möglichst zurückhaltend sein sollte und metaphorische Präkonzeptualisierungen in den Fragen der Interviewenden reflektiert werden müssen. Sinngemäß gilt dies für alle anderen Formen der Erhebung von Material.

Welche Samplingstrategien sind zur Erhebung des Materials geeignet?
Auch wenn die systematische Metaphernanalyse einen geringeren Arbeitsaufwand als zum Beispiel die Objektive Hermeneutik nach Oevermann (Oevermann et al. 1979) fordert, so sind doch der zu bewältigenden Zahl von Texten bzw. Interviews Grenzen gesetzt. Insbesondere in Qualifikationsarbeiten bestimmt also der Aufwand die Art der Materialauswahl: Für eine gründliche Analyse von zehn Seiten Standardtext sind nach bisherigen Analyseerfahrungen für eine/n leidlich geübte/n Auswerter/in drei Tage Arbeitszeit zu veranschlagen.

Eine andere Bestimmungsgröße der Erhebungstechnik stellt die interessierende Grundgesamtheit dar. Wenn beispielsweise die metaphorischen Konzepte für das Handeln einer Regierung interessieren, dann sind je nach Forschungsfrage die Mitglieder eines Regierungskabinetts als Grundgesamtheit relevant – in diesem Fall lässt sich sogar eine Vollerhebung der Regierungserklärung bzw. Antrittsreden der jeweiligen Minister/innen denken. Flick (2007, S. 172–192; vgl. auch Merkens 2012) gibt eine Übersicht über die in qualitativer Forschung denkbaren und praktizierten Auswahlstrategien von der Auswahl besonders typischer Fälle über die Auswahl kritischer Fälle bis zur Auswahl von Extremfällen: Daran wird deutlich, dass die Forschungsfrage das Sampling wesentlich mitbestimmt. Für Arbeiten, welche die metaphorischen Konzepte einer bestimmten Subkultur oder Gruppe entdecken wollen, scheinen die Grundsätze einer „maximalen strukturellen Variation der Perspektive" (Kleining 1995) mit einer einmaligen Erstellung eines Korpus oder des „theoretischen Samplings" in der Tradition der Grounded Theory mit einer fortlaufenden, sich aus Entdeckungen begründeten Materialsammlung für viele Untersuchungen die sinnvollsten zu sein (Glaser und Strauss 1998, S. 53 ff.). Nicht zuletzt hat Mayring (2007a) verdeutlicht, dass das Sampling für die spätere Frage, auf welche Themen, Milieus und Zustände die eigenen Ergebnisse verallgemeinert werden können, eine entscheidende Rolle spielt.

▶ Die Vorstufen der Metaphernanalyse umfassen das Formulieren der Forschungsfrage (Indikation klären, Zielbereiche identifizieren), das Erfassen von kontrastierenden Hintergründen und Eigenanalyse, sowie die Erhebung des Materials und das Sampling

Aufgabe
Im dritten Kapitel war danach gefragt worden, was Ihre eigenen Metaphern für Wissenschaft sind. Nun geht es an die zu untersuchenden Phänomene:

a) Suchen Sie sich einen ca. zehnseitigen eigenen Text (oder stellen Sie aus unterschiedlichen Materialien einen solchen Korpus zusammen: Mails, Hausarbeiten, Publikationen …), der Ihr gegenwärtiges Forschungsthema behandelt, und suchen Sie die bei Ihnen dominierenden metaphorischen Konzepte!
b) Recherche: Welche metaphernanalytischen Studien gibt es bereits zu Ihrem Forschungsgegenstand?

Identifikation von Metaphern, Bildung von Konzepten (Methode 2)

6

Das folgende Kapitel stellt das Kernstück des vorgeschlagenen Vorgehens vor. Dieses umfasst die Analyse eines Textes (Gruppendiskussion, Interview, Zeitungsartikel etc.) im Hinblick darauf, in welchen metaphorischen Konzepten vorher benannte Zielbereiche präsentiert werden. Zunächst werden alle Metaphern in den Texten identifiziert, die eine Beziehung zu den zu untersuchenden Zielbereichen haben, bevor in einem zweiten Schritt metaphorische Konzepte rekonstruiert werden. Diese Zweiteilung in eine sammelnde und eine rekonstruierende Phase unterläuft die Bereitschaft zu schnellen Interpretationen und verhindert das Stehenbleiben bei ersten, scheinbar schlüssigen Sprachbildern. Umfangreiche experimentelle wie qualitative Befunde aus der Psychologie (Überblick in Schmitt 2017a, S. 372–396) belegen, dass die Aufmerksamkeitslenkung (Priming-Effekt) durch Metaphern erheblich ist. Metaphernanalysen kommen daher nicht ohne eine die üblichen Lektüregewohnheiten radikal verfremdende Technik aus. Hitzlers Hinweis, mit „künstlicher Dummheit und Langsamkeit" (Hitzler 2002, Abs. 27) zu lesen, deutet die notwendige Verlangsamung des wissenschaftlichen Verstehens gegenüber dem alltäglichen Verstehen an. Die im Folgenden vorgeschlagene Prozedur verlangsamt das Verstehen und verfremdet das allzu Vertraute; sie soll ein Wechselspiel aus subjektivem hermeneutischen Vermögen und dem Befolgen methodischer Regeln ermöglichen.

6.1 Dekonstruierende Zergliederung zur Metaphernidentifikation

Die Aufgabe bei der unmittelbaren Analyse besteht zunächst darin, die zu untersuchenden Texte in ihre metaphorischen Bestandteile in einer Wort-für-Wort-Analyse zu zerlegen und alle metaphorischen Wendungen, die für die

© Springer Fachmedien Wiesbaden GmbH, ein Teil von Springer Nature 2018
R. Schmitt et al., *Systematische Metaphernanalyse*,
https://doi.org/10.1007/978-3-658-21460-9_6

Zielbereiche der Untersuchung interessant sind, samt ihres unmittelbaren Textkontextes in einer separaten Liste (Textverarbeitungsprogramm) oder zunächst auf Karteikarten zu sammeln. Ob die Metaphern in den folgenden Schritten für einen Einzelfall oder gleich für eine Gruppe gesammelt werden, hängt von der Forschungsfrage und der von ihr abgeleiteten Samplingstrategie ab.

In Arbeitsgruppen bereitet diese Aufgabe des Öfteren Mühe, da das Alltagsverständnis, was als Metapher zu gelten hat, sich mit dem umfassenden Metaphernbegriff von Lakoff und Johnson nur teilweise deckt. Zur Wiederholung: Eine Metapher liegt im Sinn von Lakoff und Johnson dann vor, wenn

a) ein Wort oder eine Wendung in einem strengen Sinn in dem für die Sprechäußerung relevanten Kontext mehr als nur wörtliche Bedeutung hat,
b) die wörtliche Bedeutung einem prägnanten Bedeutungsbereich (Quellbereich) entstammt,
c) und gleichzeitig auf einen zweiten, oft abstrakteren Bereich (Zielbereich) übertragen wird (vgl. Kap. 1).

Das ist eine relationale, keine substanzielle Definition einer Metapher: Ob ein Wort eine Metapher ist oder nicht, hängt davon ab, ob es in dem Kontext in übertragenem Sinn gebraucht wird. Ein komplexeres Beispiel aus Interviews zum Alkoholkonsum: Die Befragte war nach dem Konsum „den Leuten gegenüber ein bisschen offener". In diesem Kontext ist das Wort „offen" in einem wörtlichen Sinn wenig sinnvoll; es verweist auf einen Quellbereich, der als „Behälter" (oder ähnlich abgeschlossener Gegenstand) beschrieben werden kann, und überträgt einen bestimmten Zustand desselben („offen" sein) auf die soziale Selbstwahrnehmung der Betroffenen (Zielbereich): Gemeint ist eine verminderte „Abgrenzung" im sozialen Kontakt. Diese Definition einer Metapher als Übertragung von Wahrnehmung und Denkmustern von einem Bereich des Erlebens auf einen anderen bedarf der Übung. Im Folgenden wird ein Abschnitt eines Interviews im Hinblick auf Metaphorizität kommentiert. Es ist nur selten sinnvoll, alle Metaphern eines Textes zu analysieren. Die meisten Forschungsfragen fokussieren ein bestimmtes Thema, das heißt einen oder wenige Zielbereiche, dessen metaphorische Wahrnehmung interessiert. Die Forschungsfragen im folgenden Beispiel lauten: In welchen Metaphern denkt die befragte Erzieherin ihr Handeln, wie werden Kinder in ihren Sprachbildern konstruiert?

Beispiel aus einem Interview mit einer Erzieherin[1]

Interviewerin: Gut. und in allen [bundesland]en Kindergärten gilt ja auch der [bundesland]e Bildungsplan. Jetzt möchte ich gern von ihnen wissen, wie Sie diesen konkret in Ihrer Arbeit umsetzen?

Erzieherin: Ja der [bundesland]e Bildungsplan geht ja davon aus, dass Kinder selbst Akteure ihrer Entwicklung sind. Wir bemühen uns also ganz sehr dieser Aussage Rechnung zu tragen. Kinder so viel Anregung in allen Bereichen möglichst zu geben um ihre Entwicklung praktisch positiv zu beeinflussen. Ihnen viel zu zutrauen, sie mitbestimmen zu lassen, sie anzuregen, in allen Bereichen auch neugierig zu sein… auszuprobieren. Nur haben sie sehr viel Defizite, sodass man sie auch viel naja… damit konfrontieren muss. Man muss viel anschuben und Dinge in die Gruppe bringen, die jetzt vielleicht in anderen, sag ich jetzt mal relativ normaleren Gruppen vielleicht von Außen vom Elternhaus mit angeregt werden. Das muss man mit dieser Gruppe immer sehr speziell auch gerade so wenn man Projekte hat viel mit anschuben, sag ich jetzt mal so. Also die 5 Bereiche sehen wir zu, dass wir sie ALLE nicht wirklich ‹lacht› nicht aus dem Blick verlieren, dass wir da viel tun dafür.

Ausgewählte Metaphern und Kommentierung

… wie Sie diesen konkret *in Ihrer Arbeit umsetzen?*

Die Interviewerin stiftet eine Metapher, dass Theorien, Pläne, Gesetze etc. *„umgesetzt"* werden können, also von einem Ort zu einem anderen. Konsequent verräumlicht sie die Arbeit mit der Präposition *„in* Ihrer Arbeit". Diese Metapher bleibt allerdings für das folgende Gespräch folgenlos, die Interviewte geht nicht darauf ein. An dieser Stelle hätten Metaphern der Interviewenden lenkende Effekte zeigen können.

Der [bundesland]e Bildungsplan *geht ja davon aus*

Der Bildungsplan (Zielbereich) wird von der Erzieherin als schlussfolgernddenkende Person (Quellbereich) imaginiert, es ist also eine Metapher (genauer: eine Personifikation, während das „davon ausgehen" eine häufige Wegmetapher für einen Denkvorgang darstellt). Diese doppelte Metaphorik hat allerdings mit der Forschungsfrage (zunächst?) nichts zu tun. Eventuell lohnt es sich, dennoch solche Funde in einer separaten Sammlung zu notieren, falls die Forschungsfrage modifiziert wird.

---

[1]Das Beispiel wurde von Susanne Hoffmann überlassen.

dass Kinder selbst *Akteure* ihrer *Entwicklung* sind

Entwicklung (Zielbereich) wird in der Regel ohne handelnde Person ‚naturhaft' gedacht („es entwickelt sich"), hier wird das Bild des personalen „Akteurs" genutzt. Die Quellen der Metapher könnten Schauspiel oder neuere theoretische Debatten um „agency" sein – das ist nicht zu entscheiden und wird sich bei einer weiteren Analyse des Sprachgebrauchs klären. Sie gehört in den Fokus der Forschungsfrage und sollte gesammelt werden.

Wir *bemühen* uns also ganz sehr dieser Aussage *Rechnung zu tragen*

Das Verb „bemühen" könnte in die Reihe anderer Bilder für die eigene Tätigkeit (Zielbereich) gestellt werden (z. B. Arbeit, Schweiß, Anstrengung), aber der Bildcharakter ist nur schwach entwickelt. Beim ersten Durchgang sollte es ohne Vorabkritik gesammelt werden, auch wenn absehbar ist, dass es sicher kräftigere Bilder dafür gibt (oder keine, weil es eine isolierte Redewendung ohne weitere bildliche Vertiefung blieb).

Die Redewendung, für eine Aussage oder einen Anspruch „Rechnung zu tragen", könnte aus dem ökonomischen oder administrativen Bereich stammen; sie wird hier übertragen auf Handlungsmaximen in einer Kita; also ist es eine Metapher, die für das Handeln der Professionellen genutzt wird und damit auch in den Kontext der Forschungsfrage passt.

So viel *Anregung in allen Bereichen* möglichst zu *geben*

Das Handeln in der Kita (Zielbereich) wird hier als „Geben" (sinnlicher Quellbereich) verstanden, und zwar von einem imaginären Gut namens „Anregung", das mit der unbestimmten Mengenangabe „soviel" als messbares Gut verdinglicht wird – also zwei Metaphern im Sinn der Forschungsfrage.

„in allen Bereichen" ist eine Behältermetapher (Präposition!), eine räumlich gedachte Aufteilung der Arbeitswelt. Vermutlich ist es eine unvermeidbare Verräumlichung – aber das schließt nicht aus, dass später spezifischere Raummetaphern noch gefunden werden. Im ersten Durchgang sollte die Metapher also aufgenommen werden.

um ihre *Entwicklung* praktisch positiv *zu beeinflussen*

„Beeinflussen" ist ein Bild für das erzieherische Handeln – also sammeln. Es könnte sein, dass weitere Wasser-Metaphern oder Beispiele für das force-Schema (vgl. Kap. 2) folgen.

Ihnen *viel* zu zutrauen

Jemand etwas oder viel zutrauen impliziert eine Verdinglichung („viel" von einem imaginären Gut, das hier nicht genannt wird) und konzeptualisiert im weiteren Sinn das erzieherische Handeln als Beziehungsarbeit („Zutrauen"): also sammeln.

sie *mitbestimmen* zu lassen

Kinder als Objekte des Erziehens werden hier als „mitbestimmende" Subjekte gedacht, d. h. in einer akustischen/Diskurs-Metapher, die zugleich auch eine Personalisierung ist.

sie *anzuregen*

ursprünglich ein mechanisches Bild (Wortgeschichte: „ragen machend", Verwendung auch in der Elektrotechnik und Physik), das in der pädagogischen Sprache konventionalisiert vorkommt, und eine klare Rollenverteilung von Anregenden und Angeregten beinhaltet (force-Schema, im Gegensatz zur vorherigen Diskurs-Metapher) – als Bild für den Zielbereich sammeln.

Nur *haben* sie sehr *viel* Defizite

Hier findet sich eine gebräuchliche Verdinglichung von Fähigkeiten zu Besitztümern („x besitzt Fähigkeit y"), das hier in der Negation als „Defizit haben" auftaucht: Sammeln.

Sodass man sie auch viel naja… damit *konfrontieren* muss

Das Handeln (Zielbereich) wird hier als „Konfrontieren", d. h. als proto-kämpferisches Tun (Quellbereich) gesehen: Sammeln.

Man muss viel *anschubsen*

Erzieherisches Handeln wird als „Anschubsen" gesehen, also eine Bewegung, die Dinge oder Personen in räumliche Bewegung mit klarer Rollenverteilung setzt – hier vereinen sich Weg-Metapher und force-Schema: Sammeln.

***in* anderen, sag ich jetzt mal relativ *normaleren* Gruppen**

Das Wort „normaleren" transportiert eine deutliche Positionierung und Wertung – aber wo ist ein Quellbereich? Das ist keine Metapher, ein Bildcharakter bzw. eine Übertragung von einem üblichen, sinnlicheren, vertrauteren Quellbereich auf einen anderen, infrage stehenden Zielbereich findet nicht statt. Die Metaphern-analyse (wie alle Methoden) erschließt nicht alle Auffälligkeiten eines Textes.

„in … Gruppen": Verräumlichung der sozialen Kontexte durch die Präposition „in" zu Behältern/Containern.

vielleicht *von Außen* vom Elternhaus mit *angeregt* werden

Beide Metaphern beschreiben nicht das Handeln der Erzieherin (Zielbereich der Forschungsfrage!), daher nur sammeln, wenn ein Vergleich der Metaphern von Erzieherin und Eltern angedacht ist (also eine Erweiterung der Forschungsfrage).

viel mit anschubsen

(siehe obigen Kommentar)

die 5 *Bereiche sehen* wir zu, dass wir sie ALLE nicht wirklich nicht *aus dem Blick verlieren*

Verräumlichung der erzieherischen Aufgaben („Bereiche") und Visualisierung derselben: sammeln.

dass wir da *viel tun* dafür

Mit der unbestimmten Mengenangabe „viel" wird „tun" als unbestimmtes Verb für die Tätigkeit verbunden. Nun lässt sich der Umgang mit Kindern auch anders als „tun" begreifen – ein schwaches Bild von „Tun" im Sinne von körperlichen Arbeiten könnte enthalten sein. Die Klärung dieses Zweifelsfalls kann man einem zweiten Durchgang überlassen – es könnten stärkere Metaphern für Handeln im Sinne eines handwerklichen Arbeitens zu finden sein: Sammeln auf Verdacht.

Als praktisches Vorgehen hat sich bewährt, mithilfe einer beliebigen Textverarbeitung die metaphorischen Wendungen, in denen der interessierende Zielbereich erscheint, zunächst samt ihres unmittelbaren Textkontextes herauszuschneiden und sie dann in eine separate Liste bzw. Datei zu kopieren. Die Zerstörung der Textstruktur durch das Ausschneiden von metaphorischen Wendungen entfernt die bereits bekannten Metaphern aus dem Text und ermöglicht die Neuwahrnehmung der restlichen Textbestandteile durch Verfremdung. Natürlich kann dieser Prozess auch durch Markieren bzw. Herausschreiben der metaphorischen Redewendungen und ihres Kontexts auf separate Kärtchen durchgeführt werden. Übrig bleibt ein Texttorso, in dem so lange nach weiteren metaphorischen Beschreibungen des Forschungsgegenstands gesucht wird, bis nur noch Füllworte, nicht den Zielbereich betreffender Text und nicht auf Metaphern zurückführbare Abstrakta übrig bleiben. Danach folgt der nächste Schritt: die Rekonstruktion metaphorischer Konzepte durch die Neuordnung der gefundenen metaphorischen Wendungen.

6.2   Die Rekonstruktion metaphorischer Konzepte

Hinter dem Begriff „Konzept" verbirgt sich, wie im ersten Kapitel deutlich wurde, eine wesentliche Neuerung des Ansatzes von Lakoff und Johnson in der linguistischen Diskussion: Metaphorische Redewendungen sind nicht zufällig, sondern entstammen oft einem gemeinsamen Quellbereich und übertragen kognitive Orientierungen auf einen Zielbereich. Die Rekonstruktion von metaphorischen Konzepten stellt nach der Sammlung der metaphorischen Wendungen den zweiten Schritt der eigentlichen Analyse dar. Dieser zweite Arbeitsauftrag lässt sich so formulieren: Alle metaphorischen Wendungen, die der gleichen Bildquelle entstammen und den gleichen Zielbereich beschreiben, werden zu metaphorischen Konzepten unter der Überschrift „Ziel = Quelle" geordnet. Sie entstehen in ständiger und zirkulärer Verfeinerung am Material während des Sortierens und Vergleichens und bündeln oft in erstaunlich geringer Anzahl eine große Menge metaphorischer Redewendungen.

Dieser Prozess des Ordnens von metaphorischen Redewendungen zu metaphorischen Konzepten wird fortgesetzt, bis möglichst alle metaphorischen Formulierungen Konzepten angehören. Der damit ausgeübte Zwang, alle Metaphern in einen Verweisungszusammenhang zu bringen, schränkt die Deutungsreichweite von zunächst plausiblen metaphorischen Konzepten durch konkurrierende ein. Damit unterscheidet sich die systematische von „wilden" Metaphernanalysen, in denen dieser Prozess nicht zu Ende gebracht wird und die zunächst gefundenen (meist auffälligen) Metaphern überinterpretiert werden. Die Sprache einer Person, einer Gruppe oder einer Epoche umfasst ein Neben- und Gegeneinander unterschiedlicher metaphorischer Konzepte, die sich je nach Thema und Situation verändern und daher ohne Auslassung erhoben werden sollten. Der Wunsch, eine einzige „zentrale", „tiefe" oder „Wurzel"-Metapher zu entdecken, aus der sich das gesamte Denken und Handeln der befragten Person oder Gruppe oder gar einer Epoche ableiten lässt, führt eher zur Überdeutung auffälliger Sprachbilder.

Die strikte Zweiteilung des Verfahrens in Identifikation der Metaphern und Rekonstruktion der Konzepte darf nicht in einem strengen Sinn linear verstanden werden: Nach Bildung der Konzepte ist es meistens hilfreich, zum ersten Schritt zurückzukehren und die bisher noch nicht identifizierten Restbestände des Materials erneut danach zu durchsuchen, ob nicht inzwischen weitere Metaphorisierungen entdeckt werden können. In aller Regel hat der vorhergehende Rekonstruktionsprozess die Sensibilität für spezifische Metaphorisierungen in dem Material erhöht, sodass bisher verborgene Übertragungen iterativ deutlicher werden.

Abduktive Schlussfolgerungen als Element der Konzeptbildung
Einführend war oben davon gesprochen worden, die Rekonstruktion von Konzepten sei ein „Ordnen" von metaphorischen Redewendungen zu Konzepten. Ein

„Ordnen" setzt allerdings voraus, dass die Schemata der Ordnung bekannt sind – und sehr oft werden in der Literatur die von Lakoff und Johnson angeführten Konzepte als Ordnungsmuster herangezogen. Diese deduktive bzw. subsumierende Behandlung metaphorischer Redewendungen blendet notwendigerweise lokale und kulturelle Besonderheiten wie historische Veränderungen der Denkmuster aus. Qualitative Forschung kann daher nur mit Vorsicht sich von den bisher gefundenen metaphorischen Konzepten anregen lassen, um gegenstandsangemessene eigene Konzepte an spezifischem Material neu zu bilden. Natürlich stehen die so gefundenen Konzepte in einem noch zu bestimmenden Verhältnis zu den kulturell üblichen, das heißt, das Wissen um vorhandene Konzepte kann als „theoretische Sensibilität" (Glaser und Strauss 1998, S. 53 ff.) wertgeschätzt werden. Die Formulierung lokaler metaphorischer Konzepte verlangt über die Kenntnis vorhandener Schemata hinaus eine eigene kreative, synthetisierende Leistung. Die hier genannten handwerklichen Regeln fordern das subjektive Vermögen, passende sprachliche Konstrukte zu finden, zu revidieren oder neue abgrenzbare Subkonzepte zu identifizieren. In der qualitativen Forschungsliteratur wird Letzteres unter dem Begriff der „Abduktion" (Kelle und Kluge 1999; Reichertz 2003, 2012) diskutiert. Im Gegensatz zur Deduktion mit der Vorhersage eines Einzelfalls durch die Anwendung einer allgemeinen Regel auf einen Einzelfall und zur induktiven Aggregation von Beobachtungen zu einer Regel sei Abduktion der Schluss, in dem eine erklärende Hypothese gebildet wird (Peirce 2004, S. 207). Sie geht aus von Merkmalskombinationen in den Daten, für die es noch keine Regel gibt, wobei das Finden der Regel auch den speziellen Fall „erklärt" (Reichertz 2012, S. 281). Dieser Einfall einer neuen Regel hat nicht die Dignität der beiden anderen Schlussformen: „Die Deduktion beweist, dass etwas der Fall sein *muss;* die Induktion zeigt, dass etwas *tatsächlich* wirksam *ist;* die Abduktion vermutet bloß, dass etwas der Fall *sein mag.*" (Peirce 2004, S. 207, Herv. im Original). In der weiteren Suche danach, ob eine einmal formulierte Konzeptbildung auch weiteres Material schlüssig zu integrieren vermag, nehmen in dieser Phase Elemente einer qualitativen Induktion zu. Für die Ergebnisse dieses Verfahrens, das die Möglichkeit zur Abduktion und systematische qualitative Induktion verbindet, lassen sich Gütekriterien formulieren, die auf möglichst prägnante und gut gesättigte Konzeptbildungen zielen (vgl. das folgende Kapitel).

Die Rekonstruktion metaphorischer Konzepte, für die Lakoff und Johnson keine Regeln formulieren, ist für subjektive Einflüsse offener als die Identifikation von Metaphern. Dennoch finden sich in der Literatur weitgehend übereinstimmende Konzeptbildungen, die darum oft die von den Begründern der kognitiven Linguistik formulierten allgemeinen Konzepte diskutieren, beispielsweise Weg- oder Behältermetaphern. Hier scheint es sinnvoll, explizit in der Phase der Konzeptbildung auf die Aufgabe hinzuweisen, lokale und spezifische Konzepte neu zu formulieren. Zwar ist die „Abduktion nicht methodisierbar […], allerdings lassen sich Forschungsstile entwickeln, die Abduktionen begünstigen." (Bohnsack 2010, S. 198). Ein entsprechendes Training und das Wissen um vergleichbare Konzepte können diesen Prozess unterstützen, wenn diese nicht als Schablonen für die weitere Suche verstanden werden. Die Konzeptbildung ist eine entdeckende, differenzierende, vorhandene Muster revidierende Anstrengung, die im Sinne Piagets sowohl Assimilation des Materials an vorhandene Schemata der Interpret/innen, aber auch deren Adaptation und Revision verlangt.

Exemplarische Durchführung der Rekonstruktion von Konzepten
Die Aufgabe dieses Schritts lässt sich so formulieren: Stellen Sie metaphorische Wendungen zusammen, die den gleichen (konkret-sinnlichen) Quellbereich und den gleichen (abstrakten) Zielbereich beschreiben, und geben Sie den Zusammenstellungen eine Überschrift, die das metaphorische Konzept in der Gleichung [Zielbereich] = [Quellbereich] zusammenfasst oder einen kurzen Satz formuliert, der die Übertragungsrelation zum Ausdruck bringt. Das folgende Beispiel nutzt Material, aus Schmitt (2002a, b) zum Thema Alkoholkonsum und Abstinenz.

Beispiel 1) Ein stimmiges Konzept: Gemeinsamer Quell- und Zielbereich

- „es ist mir *nicht so schwer* gefallen, sie anzusprechen"
- „man kommt mit Leuten *leichter* ins Gespräch, wenn man nicht mehr nüchtern ist"
- „es war einfach *unbeschwerter* nach dem zweiten Bier"

Alle drei Zitate beziehen sich auf Zustände der Angetrunkenheit, die auch Zielbereich der Untersuchung war: Welche Erfahrungen und Erwartungen sind mit Alkoholgenuss verknüpft? Der gemeinsame Quellbereich lässt sich als „Last", „Anstrengung", „Gewicht" formulieren – welche Formulierung besser geeignet ist, würden weitere Metaphern zeigen. Der Zielbereich ist an diesen Textstellen die soziale Interaktion. Eine vorläufige Formulierung des metaphorischen Konzepts könnte lauten: „Betrunkenheit = erleichterter Kontakt", oder etwas eleganter: „Betrunkenheit erleichtert soziale Interaktion". Metaphorische Konzepte können also auch szenisch formuliert werden, was oft eine präzisere semantische Relation als die von Lakoff und Johnson vorgeschlagene Gleichung X = Y bezeichnet.

Zuweilen wird in Workshops zur Einführung in die Metaphernanalyse thematisch – und nicht bildlich – geordnet. So wird im obigen Beispiel noch hinzugefügt, dass jemand im Zustand der Angetrunkenheit „anders als sonst *viele* Leute angesprochen" hat. Das ist zwar auch ein Erleben (und Handeln) des zu untersuchenden Zielbereichs „soziale Interaktion" und würde im Sinne einer Kategorie „vermehrte soziale Interaktion bei Alkoholkonsum" im Rahmen der Inhaltsanalyse nach Mayring eine sinnvolle Ergänzung sein. Es ist jedoch eine andere

Metaphorik: Sozialer Kontakt wird hier als zählbare Substanz („*viele* Leute") konstruiert, es ist daher nicht diesem Konzept „Betrunkenheit *erleichtert* soziale Interaktion" zuzuordnen. Metaphernanalyse nach Lakoff und Johnson zielt auf bildlich stimmige Konzepte.

Beispiel 2) Heterogene Quellbereiche ergeben kein stimmiges Konzept

- „nüchtern bin ich *steif* und *verklemmt*"
- „nach dem ersten Bier bin ich *nicht mehr so verschlossen*"
- „nach dem dritten *komme ich aus mir heraus*"

Lässt sich in den genannten Beispielen ein gemeinsamer Quellbereich identifizieren? „Steif" lässt sich als Quellbereich auf eine materiale Qualität, aber auch auf eine körperliche Erfahrung beziehen, „verklemmt" auf eine komplexere Mechanik (auch: Tür, Fenster), „nicht mehr so verschlossen" und „komme ich aus mir heraus" auf das Schema des Behälters. Es lässt sich also kein gemeinsamer Quellbereich feststellen und kein metaphorisches Konzept formulieren, auch wenn der Zielbereich (Interaktion) gemeinsam ist. Dieser Fehler unterläuft oft Interpretierenden, die aus der Inhaltsanalyse oder der Grounded Theory kommen, dass eine thematische Gemeinsamkeit (hier: soziale Interaktion) richtigerweise gesehen, aber die fehlende gemeinsame Bildlichkeit nicht erkannt wird.

Beispiel 3) Heterogene Zielbereiche ergeben kein Konzept

- „nach dem Absturz ist er ihm *aus dem Weg gegangen*"
- „er macht *Fortschritte* in seiner Suchtbehandlung"

Hier lässt sich zwar der gleiche Quellbereich (Wegmetaphorik) finden, aber kein gemeinsamer Zielbereich identifizieren: Im ersten Beispiel wird eine Interaktion beschrieben, das zweite Beispiel benennt individuelle Entwicklung. Die metaphorischen Wendungen lassen sich also nicht zu einem gemeinsamen stimmigen Konzept zusammenführen.

Andere Beispiele aus dem Phänomenbereich psychischer Erkrankung erlauben es, weitere Probleme der Konzeptbildung zu diskutieren (Schmitt 2000a):

Beispiel 4) Die Suche nach der besten Formulierung eines Konzepts

- „die hat *gesprudelt* vor Leben"
- „die hat *gesprüht* und erzählt"
- „da sind bei ihr dann *alle Dämme gebrochen*, und sie hat erzählt und geweint"

Wir können den Metaphern den gleichen Quellbereich (bewegte Flüssigkeit) und den gleichen Zielbereich (emotionaler Austausch) zuschreiben. Die entsprechenden Überschriften könnten lauten:

- Emotionale Lebendigkeit ist fließendes Wasser.
- Emotionale Lebendigkeit ist Wasser, das über seine Grenzen geht.
- Emotionale Lebendigkeit ist Flüssigkeit unter Druck.

Zwischen diesen Überschriften ist noch nicht zu entscheiden; es sind *vorläufige Konstruktionen*. Die Erfahrung zeigt, dass es verfrüht ist, nach drei Metaphern schon eine letztgültige Überschrift zu formulieren zu wollen. Dementsprechend können weitere gefundene Metaphern das Bild der brechenden Dämme modifizieren und damit die Konzeptbildung vorantreiben.

Beispiel 5) Die Integration vieler metaphorischer Redewendungen
Fügen wir zu den Beispielen aus 4) noch die folgenden hinzu:

- „das ist aus ihr *herausgebrochen*"
- „ich fand, dass sie da zu *offen* war"
- „im Dorf hieß es, dass sie seit damals *nicht mehr ganz dicht* war"

Im Vergleich zu den Beispielen aus 4) ist von einer Flüssigkeit jetzt nicht mehr die Rede. Der konkrete Quellbereich der Beispiele aus 5) könnte formuliert werden als Behälter, der abstrakte Zielbereich als Psyche, und eine Überschrift könnte lauten: „Die Psyche von Y ist ein tendenziell brüchiger Behälter".

Nun liegen zwei metaphorische Konzepte vor, die einander berührende Sachverhalte beschreiben; und das Bild der brechenden Dämme passt in beide Modelle. Die folgenden Möglichkeiten verbleiben den Interpretierenden:

a) Weitere Metaphern einordnen – bei sechs Metaphern sind Entscheidungen über das zugrunde liegende Modell unter Umständen nicht ausreichend fundiert (das gilt natürlich auch für die obigen, aus Gründen didaktischer Klarheit knapp gehaltenen Beispiele).

b) Sofern es nur einzelne Metaphern sind, die in zwei Modellen auftauchen, kann man sie in beiden Modellen belassen; es gibt komplexere Metaphern, die auf mehreren Verbildlichungen aufbauen (vgl. „auf die schiefe Bahn geraten", sowohl die Wegmetapher als auch das metaphorische Schema von „oben" und „unten" werden hier genutzt).

c) Man kann versuchen, ein gemeinsames Modell zu formulieren: Nimmt man die Beispiele aus 4) und 5) zusammen, könnte man formulieren: „Y wird erlebt als brüchiger Behälter, der unter dem Druck von als Flüssigkeit gedachten Emotionen bricht." Dieses ist nun schon eine sehr komplexe Interpretation, mit der Wahrnehmung und soziale Interaktion beschrieben werden, und damit dem Endergebnis einer Fallstudie nahe.

Es finden sich in jeder Studie metaphorische Wendungen, die in mehrere metaphorische Konzepte passen: So werden Psycholog/innen in Gefängnissen von den Inhaftierten als „Dachdecker" beschrieben: Hier spielt die räumliche Metaphorisierung des Geistes in der Höhe eine Rolle (räumlich-orientierendes Schema), dann kann der Mensch als Haus metaphorisiert werden (Sonderform der Behälter-Metaphorik, vgl. „nicht ganz richtig im Oberstübchen sein"). Schließlich ist bereits das metaphorische Konzept rekonstruiert worden: „Psychosoziale Arbeit ist handwerkliche Arbeiten" (vgl. „Psychoklempner"). Die Einordnung von Redewendungen wie „Dachdecker" bereitet daher zunächst scheinbar Probleme. Eventuell sind sie in mehrere Konzepte einzuordnen, oder es ergibt sich aus der Sammlung für die jeweilige Forschungsfrage zwanglos ein „starkes" metaphorisches Konzept, das diese Formulierung integriert.

Die Rekonstruktion der metaphorischen Redewendungen in metaphorischen Konzepten unterscheidet sich beispielsweise vom „axialen" oder „selektiven" Kodieren im Sinne der Grounded Theory vor allem dadurch, dass Gemeinsamkeiten des Sinns in der Metaphernanalyse sehr eng an der Bildlichkeit des Materials gebildet werden. Weitere Leistungen des selektiven und axialen Kodierens, etwa der Vergleich der Konstrukte untereinander (Corbin 2011, S. 73 ff.), werden bei der systematischen Metaphernanalyse erst im dritten Schritt bei der heuristischen Durcharbeitung der gefundenen Konzepte (vgl. den folgenden Abschnitt) entwickelt.

▶ Eine Metaphernanalyse sollte stets in zwei separaten Schritten erfolgen. So sollte die Rekonstruktion von metaphorischen Konzepten stets erst nach der Identifikation aller metaphorischen Wendungen erfolgen.

Aufgabe
Arbeiten Sie die zwei Schritte der Metaphernidentifikation und der Rekonstruktion von Konzepten an einem eigenen Beispiel heraus. Wir empfehlen dazu Zeitungs- oder Medientexte, weil hier meistens der Zielbereich der Meldung (und damit der interessierende Analyse-Schwerpunkt) recht klar umrissen ist, die Identifikation üblicher Metaphern leichter fällt und damit der zweite Schritt der Rekonstruktion von Konzepten einfacher ist. Interviews sind, wie diese Beispiele zeigen, anspruchsvoller.

Heuristiken zur Interpretation, Gütekriterien, Darstellung (Methode 3)

Die Kenntnis metaphorischer Konzepte ist nur dann Erkenntnis fördernd, wenn sie Interpretationen ermöglicht, das heißt ein Schließen von den gefundenen Konzepten auf die daraus folgenden Kategorisierungen und Sinnzuweisungen. Lakoff und Johnson reflektieren allerdings den Prozess der Interpretation nicht, obschon beispielsweise Lakoff in seinen politischen Schriften (z. B. Lakoff 2002) weitergehende Schlussfolgerungen aus Metaphernanalysen ableitet. Im folgenden Kapitel werden daher typische Muster der Interpretation von metaphorischen Konzepten aus bisherigen Metaphernanalysen systematisiert. Damit wird auch auf eine Kritik an der kognitiven Linguistik geantwortet, dass sie die pragmatischen Kontexte nicht in die Analyse einschließen würde (vgl. Kap. 3).

7.1 Heuristische Hilfen zur Interpretation

Bei der eben vorgeführten Identifikation der Metaphern wurde stets der umgebende Text einer metaphorischen Redewendung in einer definierten Weise einbezogen, denn in der Heuristik zur Interpretation spielen die Kontexte der zu interpretierenden metaphorischen Konzepte eine besondere Rolle. Doch nicht nur der konkrete Text-Kontext ist zu beachten; auch in pragmatischen Kontexten lassen sich Metaphoriken rekonstruieren: So muss auch eine Parkuhr als Materialisation des kulturellen metaphorischen Konzepts „Zeit ist Geld" begriffen werden können (Lakoff und Johnson 1980, S. 7 ff.), und eine sozialwissenschaftliche Analysemethode, welche die Praktiken im Umgang mit Parkuhren als Ganzes nicht einbeziehen und auswerten kann, sondern nur den Text, der als Bedienungsanleitung auf den Parkuhren steht, leistet zu wenig. Die Erschließung dieser pragmatischen Kontexte bedarf im Sinne Gadamers des Vorwissens um lebensweltliche und symbolische

Zusammenhänge, das heißt den kognitiven, affektiven und kulturellen Reichtum der Interpretierenden vor dem Hintergrund einer möglichst umfassenden Sozialisation (vgl. Kap. 4). Diese Abhängigkeit der Interpretation von Wissen und Erfahrungen des interpretierenden Subjekts ist nicht hintergehbar; allenfalls lassen sich – und das wird im Folgenden versucht – einige zu erprobende Möglichkeiten anbieten, die das für eine Interpretation vorhandene Wissen besser verknüpfen können.

Die folgenden Hinweise sind als „Heuristik" verfasst. Unter Heuristik lassen sich Strategien der Ergebnisgewinnung für Aufgaben verstehen, die weniger formalisiert als ein Algorithmus Lösungen ermöglichen und nicht mehr als vorläufige Hilfsmittel sind (Gigerenzer 2007; Kleining 1995). Die folgende Übersicht stellt solche Strategien dar:

▶ Heuristiken der Interpretation

- die Suche nach ausdruckserweiternden und funktionalen Gehalten (highlighting),
- die Suche nach Erkenntnis verhindernden Implikationen (hiding),
- den Vergleich metaphorischer Konzepte,
- die Analyse selektiver Ausgestaltungen metaphorischer Konzepte,
- das Fehlen von metaphorischen Konzepten,
- die Suche nach Implikationen metaphorischer Unterscheidungen in der Lebenswelt,
- die Prognose zukünftiger Handlungen,
- die sequenzielle Analyse metaphorischer Interaktion und Metakommunikation,
- die Analyse von Reaktionen auf Metaphern als Projektionsflächen,
- der Einbezug quantitativer Angaben,
- die Rekonstruktion von Veränderungen,
- die Analyse der Differenz absichtlich versus nicht absichtlich gebrauchter Metaphern
- und die Analyse metaphorischer Inszenierungen.

Die Suche nach funktionalen Gehalten (highlighting)
Zwei als heuristische Regeln nützliche Hinweise werden bereits von Lakoff und Johnson 1980 gegeben: Jede Metaphorik reduziert Komplexität, und daraus resultiert ein einerseits zuspitzender, differenzierender, ausdruckserweiternder, für die Texproduzent/innen funktionaler Effekt („highlighting", vgl. Kap. 2) wie

andererseits auch eine die Reflexion beschränkende, Möglichkeiten ausblendende Wirkung („hiding"). Zunächst soll der erste, funktionale Effekt von Metaphern diskutiert werden: Die schon erwähnte Behältermetaphorik der Psyche konzipiert zum Beispiel ein stabiles Ich als relativ gut abgegrenzten Behälter; sie konstruiert zu große Durchlässigkeit („nicht ganz dicht sein") ebenso wie nicht überwindbare „Verschlossenheit" als psychosoziales Problem; in dieser Metaphorik wird eher gewünscht, „aus sich herauszukommen", ohne den Behälter zu beschädigen. Die Behältermetaphorik vermag es also, Phänomene zwischen Abgegrenztheit und Entgrenzung zwischen einer Person und ihrer sozialen Umwelt in einem prägnanten Konzept zu fassen.

Die Suche nach Erkenntnis verhindernden Implikationen (hiding)
Jede Hervorhebung durch eine bestimmte Form metaphorischer Betrachtung zieht Verschattungen an anderer Stelle nach sich. Die Suche nach verkürzenden Konsequenzen einer metaphorischen Konstruktion („hiding" im Sinne Lakoffs und Johnsons; vgl. Kap. 2) ist daher eine notwendige Ergänzung der ersten Suchrichtung. Wiederum am Behälterbild des Psychischen diskutiert: Es vermag nicht, zeitliche Aspekte zu repräsentieren; man ist entweder „dicht" oder „nicht dicht", allenfalls Momente des „Öffnens" und „Schließens" beschreiben kurzzeitige Dynamiken. Der umfassendere „Verlauf" in der Zeit lässt sich besser in der Wegmetaphorik beschreiben („im Leben weiterkommen" etc.) – das leistet das Bild vom Behälter nicht. Ein anderes Beispiel: Metaphern werden zwangsläufig in allen sozialen Positionen genutzt. Die Fragen: Wem nützt die Metapher? – Und wem nützt sie nicht? sind daher heuristisch aufschließende Fragen (Rigney 2001, S. 210). Pointiert hat Deetz (1986) die Effekte des „hiding/highlighting" als Interpretationsrichtung für die Analyse der Metaphern in Organisationen formuliert, dass bestimmte Metaphern bestimmte Interessen und Machtverteilungen fördern und andere behindern. Damit hat er die Untrennbarkeit der funktionalen und ausblendenden Funktionen der Metaphorik verdeutlicht.

Der Vergleich metaphorischer Konzepte
Der Vergleich metaphorischer Konzepte verdeutlicht unterschiedliche Handlungs- und Erlebensmöglichkeiten. Barkfelt (2009) arbeitet beispielsweise in ihrer Studie über Metaphern der Depression in literarischen Selbstzeugnissen heraus, dass einige Autor/innen ihre Erkrankung als Hell-Dunkel-Unterschied wahrnehmen („die Welt wird zunehmend grau"); andere beschreiben die Depression als „Überfall", der sie unerwartet trifft und „niederwirft". Der Vergleich der beiden metaphorischen Konzepte deutet auf ein unterschiedliches Erleben und eine andere Geschwindigkeit

der Manifestation der Erkrankung hin. Die Hell-Dunkel-Metaphorik ermöglicht beispielsweise die Wahrnehmung von Übergängen mit Handlungsspielräumen, welche die Depression als „Überfall" nicht ermöglicht. In Letzterer ist dagegen die Erkrankung als personaler und bedrohlicher Feind klarer konturiert als in der ersten Metaphorik. Barkfelt leitet daraus unterschiedliche Optionen für sprachliche bzw. therapeutische Interventionen ab. Weitere Interpretationen ergeben sich aus Konflikten zwischen gleichzeitig gebrauchten metaphorischen Konzepten: Sie können Handlungsprobleme offenbaren, z. B. bei Menschen mit einem riskanten Alkoholkonsum, „klar" bleiben zu wollen und dennoch durch Alkohol in einer „gelösten" Stimmung sein zu können (Schmitt 2002a, b).

Die Analyse selektiver Ausgestaltungen metaphorischer Konzepte

Die bisher genannten Hinweise gehen davon aus, dass alle Implikationen eines metaphorischen Konzepts auch genutzt werden. Dem ist, wie inzwischen auch einige Studien zeigen, allerdings nicht so. Vielmehr werden nur selektiv Charakteristika des Quellbereiches auf den Zielbereich übertragen: Rees, Knight und Cleland (2009) beispielsweise haben in einer Studie zu den Metaphern des Verhältnisses zwischen Ausbildern und Studierenden der Medizin belegt, dass die verwendete Kriegsmetaphorik (gegen Erkrankungen) die Implikation des Waffenstillstands nicht enthält und dass innerhalb der Sportmetapher etwa die Metapher, ein „Trainer" zu sein, genutzt, aber die Implikation, dass Sport immer Gewinner und Verlierer erzeugt, auffällig vermieden wird.

Das Fehlen von metaphorischen Konzepten

Im fünften Kapitel wurde bereits darauf hingewiesen, dass der kulturelle Hintergrund ein wichtiger Vergleichshorizont ist: Fehlt in einem Fall ein bestimmtes metaphorisches Konzept, fällt dies vor allem im Vergleich zur entsprechenden Subkultur bzw. zum kulturellen Reservoir auf und kann Deutungen herausfordern. Von Kleist (1987) beschreibt eine Psychotherapieklientin, der Bewegungsmetaphern des „Annäherns" an und des „Zugehens" auf andere Menschen fehlen; ihr allgemeines Problem sind soziale Defizite und Prüfungssituationen im Besonderen, in denen sie sich eingesperrt fühlt. Die Autorin verdeutlicht dieses Fehlen unter anderem an Stellen des Therapiegespräches, an denen die Klientin die Wegmetaphorik des Therapeuten missversteht. Während dieses Beispiel das aufschlussreiche Fehlen einer Metaphorik bei einer Einzelperson beschreibt, kennzeichnet das Fehlen der Metaphern des „Wachstums" eine ganze Subkultur psychosozialer Professionalität in der Einzelfallhilfe, die auf Krisensituationen zielt (Schmitt 1995).

Die Implikationen metaphorischer Unterscheidungen in der Lebenswelt
Die folgende Interpretationsanregung fokussiert implizite Gliederungen und Bewertungen der Bildlichkeit: So enthält die Metaphorik der Bewegung („Das Leben ist ein Weg") für das Phänomen psychischer Krankheit bzw. der Krise drei Unterscheidungen:

- Man kann zu langsam auf dem Lebensweg sein: „langsam im Kopf", geistig „behindert" oder „beschränkt", jemand ist „ein bisschen zurückgeblieben".
- Man kann zu schnell auf dem Lebensweg sein: „hin und weg" sein, „durch den Wind" sein, einen „Schub" haben.
- Man kann neben diesem Lebensweg existieren: „nicht in der Spur sein", „neben sich stehen", „neben der Mütze sein", „verstiegen" sein, „abweichendes" Verhalten zeigen.

Im Gegensatz zu diesen drei Formen alltagssprachlich definierter Pathologie gilt ein mittleres Tempo auf dem Lebensweg als Indikator von psychischer Gesundheit bzw. Normalität: „Wie geht es? – Es geht", auf die Welt „kommen", „Fortschritte" zeigen, und am Ende heißt es, jemand sei „von uns gegangen".

In einem einzigen Konzept lassen sich in der Alltagssprache also drei Differenzialdiagnosen psychischer Extremzustände und die Beschreibung psychosozialer Normalitätsannahmen fassen. Hier sind einfache Klassifikationen als Ordnungsprojektionen in metaphorischer Sprache angelegt, die als „cultural models" oder „folk theories" bereits im ersten Buch von Lakoff und Johnson angesprochen (dies. 1980, S. 60) und auch im letzten gemeinsamen Buch als elementare Klassifikation diskutiert werden (dies. 1999, S. 16–20). Damit sind in besonderer Weise auch emotionale und moralisch bewertende Implikationen bildlichen Denkens gefasst.

Die Prognose zukünftiger Handlungen
Aus subkulturellen wie individuellen Metaphernanalysen lassen sich weitere Handlungsmotivationen bzw. -optionen rekonstruieren (als schwache Form der Prognose): Wie handeln Personen oder Kollektive, die in diesen Bildern empfinden und denken? Nieraad (1977, S. 26) führt als Beispiel die der Biologie entlehnte Metaphorik des Faschismus an (Blut, Boden, Rasse etc.), um den Zusammenhang von Metaphorik und Handlung zu zeigen. Menschliche Entwürfe, die nicht in das ideologische Prokrustesbett passten, das heißt nicht „rassisch gesund" waren, sollten einer „biologischen Therapie" unterzogen, also „ausgemerzt, ausgerottet, vertilgt" werden, was entsprechende Taten vorhersagbar machte. Diese Prognosen aus gebrauchten Metaphern auf zukünftiges Handeln gelingen umso eher, je beherrschender ein einziges metaphorisches Konzept den gesellschaftlichen bzw.

persönlichen Diskurs besetzt. Auch Rigney benennt in seinen Kriterien zur Bewertung von Metaphern das Kriterium der „predictive power" von metaphorischen Modellen, das heißt „their capacity to generate testable hypotheses or predictions" (Rigney 2001, S. 208).

Die sequenzielle Analyse metaphorischer Interaktion und Metakommunikation
Sequenzielle Analysen erfreuen sich im Kontext wissenssoziologischer Hermeneutik und der sich explizit als rekonstruktive Verfahren verstehenden Methoden der Soziologie besonderer Bedeutung. Sequenziell zu arbeiten heißt im Kontext der Metaphernanalyse, Verläufe des Metapherngebrauchs, Übergänge, deren Wiederholung und Muster des Metaphernwechsels zu beschreiben (Schröder 2015 und hier in Kap. 11). Damit ermöglicht die Rekonstruktion von metaphorischen Interaktionsmustern in Gesprächen auch Hinweise für Beratung, Therapie oder Prävention. Passungen von Metaphern der Sprechenden, Nichtpassungen und möglicherweise anschließende Reparatur- und Übersetzungsversuche bieten Möglichkeiten zur Intervention (vgl. auch Cameron und Deignan 2006).

Die Analyse von Reaktionen auf Metaphern als Projektionsflächen
Die vergleichende Analyse der Reaktionen von Menschen auf ihnen angebotene Metaphern zeigt Breuer (1998) in ihren Interviews zum Ge- und Missbrauch von Alkohol in der Frage: „Wo würdest du eine Grenze setzen, ab der das Trinken zum Problem wird?" Damit gibt sie die räumliche Metapher der „Grenze" vor. In der Antwort darauf lassen sich vier verschiedene Gruppen alltäglicher Bewältigungsstrategien unterscheiden (Schmitt 2002a; unter anderem: zeitliche, räumliche, situative Beschränkungen des Trinkens, Konsum begrenzende Glaubenssätze). Allgemeiner gefasst: Nicht nur die Analyse von Metaphern, sondern auch die Reaktionen auf Metaphern bedürfen der Analyse; hier kann die Metaphernanalyse durch inhalts- und sequenzanalytische Verfahren gut ergänzt werden.

Der Einbezug quantitativer Angaben
Häufigkeiten von Metaphern können heuristisch fruchtbar sein, wenn vermieden wird, die Häufigkeit einer metaphorischen Formulierung mit ihrer Bedeutung zu verwechseln. Aus den in diesem Kapitel bereits formulierten Überlegungen ergibt sich, dass die entdeckende systematische Metaphernanalyse erst abgeschlossen sein sollte, bevor eine Quantifizierung der gewonnenen metaphorischen Konzepte stattfinden kann (Charteris-Black 2004, insbes. S. 34). Dies steht auch in Einklang mit Überlegungen Flicks zu einer sequenziellen Verbindung qualitativer und quantitativer Verfahren (Flick 2007, S. 43 ff.). In jedem Fall müssen Rekonstruktionen und Quantifizierungen reflexiv aufeinander bezogen werden.

Die Rekonstruktion von Veränderungen

Im Verlauf eines Textes, eines Gesprächs oder einer Sammlung von Texten wie etwa den fortlaufenden Protokollen einer Therapie können sich Metaphern verändern. Horsdal (2013, S. 20) schlägt für die Biografieforschung die Beachtung der „location-event-structure-metaphor" vor, das heißt der Beobachtung von Lakoff und Johnson, das Veränderung oft als Bewegung zwischen als Räumen gefassten Zuständen begriffen wird (Lakoff und Johnson 1999, S. 176). Die Analyse solcher Verschiebungen ermöglicht, die Methode der Metaphernanalyse zur Beschreibung dynamischer Prozesse zu nutzen. Bei den bisherigen Studien sind die folgenden Möglichkeiten eines Wandels der Metaphorik aufgefallen:

- Durch unterschiedliche metaphorische Konzeptualisierungen können Phasen eines Verlaufs gegeneinander abgesetzt werden, z. B. die Metaphorik von Dunkelheit und Helligkeit (Schmitt 1995, S. 205–208).
- Eine weitere Veränderung des Deutungsmusters ist zu erkennen, wenn das Quellbild erhalten bleibt (z. B. „Kampf"), aber das Ziel der Metaphorisierung in das Gegenteil gewendet wird. So beschreibt ein ehemals Abhängiger zunächst das Trinken als sportlichen Kampf und Leistung; danach beschreibt er die Abstinenz als Kampf und Leistung (Schmitt 2002a, b).
- In der Didaktikforschung der Naturwissenschaften belegt Niebert (2010, insbes. S. 185 f.), dass eine Veränderung der metaphorischen Schülervorstellungen eher als „conceptual growth" statt als „conceptual change", also als Weiterentwicklung ihrer eigenen Metaphern stattfindet.
- Die Nutzung einer neuen Metapher und damit die Gewinnung eines neuen Deutungsmusters stellt einen bedeutenden Wandel dar, den Buchholz in Anlehnung an ein Fallbeispiel als „Dynamisierung" beschreibt (1996, S. 251).
- Veränderung lässt sich auch durch die Verschiebung komplexer metaphorischer Sinnbezüge beschreiben, wenn zwischen zwei Interviews mit einer Person mehrere metaphorische Konzepte unterschiedlich gewichtet werden (Schmitt 1995, S. 144 ff.).
- Auch das Nichtmehrauftreten einer bereits gebrauchten Metapher kann Indiz für eine Veränderung sein.

In Schmitt (2017a, S. 512–516) werden acht verschiedene Möglichkeiten der Metaphernanalyse, Veränderungen abzubilden, vorgestellt. Auch hier ist abzuwarten, ob kommende empirische Untersuchungen diesen Möglichkeiten weitere hinzufügen.

Die Analyse der Differenz explizit-absichtlicher und implizit-unbewusster Metaphern

Bereits in Abschn. 3.5 wurde die Studie von Oberlechner, Slunecko und Kronberger (2004) zu den Dynamiken der Finanzmärkte erwähnt; hier befragten die Forschenden die Akteure explizit nach Metaphern und werteten auch die implizit im Interview enthaltenen Metaphern aus. Eine kennzeichnende Differenz unterschied expliziten und impliziten Metapherngebrauch: Die bewusst gebrauchten Metaphern des Sports und des Wettbewerbs lassen den Finanzmarkt menschlicher, ungefährlicher und kontrollierbarer erscheinen als die nicht bewusst gebrauchten Sprachbilder, in denen Metaphern von Kampf und Krieg häufig sind. Mit solchen Differenzen zwischen bewussten und nicht bewussten Metaphern muss also gerechnet werden. Offenkundig rhetorische Metaphern, mit denen eine sehr bewusste Selbstpositionierung verbunden ist, dürften in ähnlich sozial erwünschter Weise von den Metaphern, „in denen wir leben", differieren.

Analyse metaphorischer Inszenierungen

Buchholz und von Kleist (1995) rekonstruieren ein „Jagdspiel", in dem der Klient einem Hasen gleicht und seinen Therapeuten auf immer wieder wechselnde und vielversprechende Themen als „Fährten" lockt. Die Metapher klingt in den Beschreibungen verschiedener Gegenstände bei Therapeut und Klient an, beschreibt aber darüber hinaus auch deren Interaktion; dem Therapeuten gelingt an dieser Stelle nur eine eingeschränkte Benennung des sich gemeinsam vollziehenden Spiels. Metaphern sind hier also nicht nur Inhalt eines Textes, sondern beschreiben Beziehungsfiguren zwischen Interaktanden; sie strukturieren nicht nur Erinnerungen, sondern – in psychoanalytischer Terminologie – auch Übertragungs- und Gegenübertragungsphänomene. Die Sensibilität für diese Phänomene eines Textes als Inszenierung der verhandelten Themen ist vor allem durch Lorenzer (1970, 1976) als „szenische Hermeneutik" methodisch fundiert worden.

Fazit des Gebrauchs heuristischer Strategien

Bei der Sammlung heuristischer Strategien wurde Wert darauf gelegt, dieselben von bisher nachvollziehbar dargelegten Schlussfolgerungen in bisherigen Studien abzuleiten. Die Liste der heuristischen Strategien kann jederzeit erweitert oder ausdifferenziert werden, wenn überzeugende empirische Beispiele vorliegen. Der Gebrauch dieser Strategien führt nicht automatisch zu sinnvollen Interpretationen, sondern muss am Material und seinen Kontextbedingungen abgesichert werden, weshalb dies in den folgenden Gütekriterien einer systematischen Metaphernanalyse berücksichtigt wird.

Ihre Nutzung ändert nichts daran, dass dieses Verstehen – wie jedes hermeneutische Verstehen – prinzipiell unabgeschlossen bleibt; als pragmatisches Kriterium der Beendigung einer Untersuchung bietet sich das Konzept der „theoretischen Sättigung" im Sinne der Grounded Theory (Glaser und Strauss 1998, S. 68 f., S. 117) an: Wenn neu hinzugezogene Fälle, der systematische innere Vergleich und die Nutzung der oben genannten Strategien keine neuen prüfbaren Interpretationen ergeben, ist die Untersuchung vorläufig abgeschlossen.

7.2 Gütekriterien und Qualitätssicherung der Interpretation

Flick (2007, S. 487–531) hat überzeugend dargelegt, dass die der quantitativen Forschung entlehnten klassischen Gütekriterien Reliabilität, Validität und Objektivität der Besonderheit qualitativer Forschung, ein Phänomen möglichst gegenstandsangemessen zu erschließen, wenig gerecht werden. Flick plädiert daher für eine umfangreiche Qualitätssicherung, welche die Indikation der Methoden für den Forschungsprozess, die Forschungsplanung, die Durchführung und die Darstellung in den allgemeineren Rahmen von Prozessevaluation und Qualitätssicherung diskutiert. Auch Lüders fordert, „sich von der auf Dauer vermutlich vergeblichen Suche nach *den* Gütekriterien für *die* qualitative Sozialforschung zu befreien und den Weg zu verfahrens- und gegenstandsbezogenen Kriterien zu öffnen" (Lüders 2011, S. 82, Herv. im Original.). Daher wird im Anschluss an die Positionierung der Metaphernanalyse als hermeneutische, rekonstruierende Methodik (Kap. 4) ein pragmatischer Anschluss an die Debatte um Gütekriterien gesucht. Steinke (1999, 2012) hat offen gefasste „Kernkriterien zur Bewertung qualitativer Forschung" (dies. 2012, S. 319) formuliert, die im Folgenden als spezifische Hinweise für eine qualitätssichernde Durchführung und als Merkmale zur Reflexion der Reichweite einer Metaphernanalyse reformuliert werden.

Qualitätskriterien einer metaphernanalytischen Studie
Qualitätskriterien beziehen sich nicht nur auf die Auswertungsmethode, sondern auf den gesamten Prozess einer Untersuchung. Einige der von Steinke (2012) genannten allgemeinen Kriterien betreffen sehr viel stärker die Untersuchung in allen ihren Teilen als die Auswertungsmethode allein:

- Reflexion bzw. Testen der Grenzen und Reichweite der Ergebnisse einer Studie,
- Kohärenz der entwickelten Theorie,
- Relevanz für Forschung und Praxis und die
- Dokumentation einer reflektierten Subjektivität.

Diese Aspekte der Qualität einer Studie sollten von der Datenerhebung bis zur Ergebnisformulierung diskutiert werden; im Folgenden beschränken wir uns daher auf diejenigen Kriterien, die besonders die metaphernanalytische Auswertung betreffen.

▶ Qualitätskriterien einer metaphernanalytischen Studie

- Intersubjektive Nachvollziehbarkeit
- Indikation des Forschungsprozesses
- Empirische Verankerung der Theoriebildung
- Qualität der Identifikation von Metaphern
- Kohärenz, Anzahl und Sättigung der metaphorischen Konzepte
- Entfaltung der Implikationen der metaphorischen Konzepte
- Reflexion forschungs- und kontextbedingten Einbringens von Metaphern
- Triangulation mit nicht metaphernanalytisch erhobenen Befunden
- Begründung möglicher Verallgemeinerungen
- Vollständigkeit von Erhebung, Interpretation und Präsentation

Intersubjektive Nachvollziehbarkeit

Zu einem Kernkriterium der Bewertung qualitativer Forschung zählt Steinke (2012, S. 324) die „intersubjektive Nachvollziehbarkeit", die durch

- eine vielfältige Dokumentation des Forschungsprozesses sowie seiner Stufen und Entscheidungen,
- die Interpretation in Gruppen und
- die Anwendung kodifizierter Verfahren

erreicht werden kann. Diese drei Vorschläge sind für Metaphernanalysen gut einlösbar, auch wenn die Interpretation in Gruppen aufgrund des stützenden Regelwerks hilfreich, aber nicht zwingend ist. Zur Dokumentation des Forschungsprozesses zählt Steinke auch die Explikation des eigenen Vorverständnisses. Dieser Punkt ist für die Metaphernanalyse dahingehend zu präzisieren, dass die eigenen metaphorischen Muster der Forschenden durch Selbsterfahrung, Eigeninterview mit anschließender Analyse etc. aufgehellt werden sollten, um die Konditionierung der Interpret/innen durch unaufgeklärte eigene metaphorische Denkmuster zu vermindern (vgl. Kap. 5).

Indikation des Forschungsprozesses

Steinke nennt als zweites Kernkriterium die „Indikation des Forschungsprozesses" (ebd., S. 326). Flick hat diesen Begriff explizit als Analogie aus der Medizin entwickelt (Flick 2007, S. 512 ff.), um über die allgemeine Forderung nach einer „Gegenstandsangemessenheit" der Methoden hinaus die Passung von Methoden zu Fragestellung und Gegenstand zu diskutieren und spezifische Anhaltspunkte zur Begründung des Einsatzes einer Methode zu geben. Metaphernanalysen sind nur dann angemessen, wenn die Forschungsfrage auf die Entdeckung von (individuellen oder kollektiven) Deutungsmustern, Modellen der Wahrnehmung oder anders bezeichneten mentalen Vorkonstruktionen bestimmter Phänomene zielt (vgl. Kap. 5).

Empirische Verankerung der Theoriebildung

Als weiteres Kriterium nennt Steinke die „empirische Verankerung" der Theoriebildung im Material (ebd., S. 328), die „dicht an den Daten […] und auf der Basis systematischer Datenanalyse entwickelt werden" sollte (ebd.). Zunächst ist einschränkend anzumerken, dass Metaphernanalysen weniger explizit auf eine Theoriebildung zielen, sondern auf die Rekonstruktion handlungs- und wahrnehmungsleitender Muster. Allerdings können diese in ihrer Zusammenschau und ihrer Rekonstruktion von Folgen durchaus komplex sein. Die Forderung Steinkes ist für die hier vorgeschlagene Metaphernanalyse in aller Regel leicht zu erfüllen: Die zuerst stattfindende Identifikation von einzelnen metaphorischen Redewendungen arbeitet ohne paraphrasierende Zwischenschritte direkt mit dem originalen Material. Die darauf aufbauende Rekonstruktion metaphorischer Konzepte beschränkt sich auf die innere Ordnung des extrahierten Materials und bildet Konzepte möglichst in der Sprache des Materials als „in-vivo-codes", eigene Konzeptbildungen sind am Material zu sättigen. Die abschließende Interpretation kann sich auf eine Heuristik stützen, die Verbindungen zu inneren und äußeren Kontexten des Materials herstellt: Alle Interpretationshinweise greifen in internen und externen Vergleichen auf das Material zurück. Die Ergebnisse systematischer Metaphernanalysen sollten daher in Rekonstruktion und Interpretation in hohem Maße empirisch verankert sein.

Über die von Steinke diskutierten Kriterien hinaus können spezifisch metaphernanalytische Gütekriterien formuliert werden, die aus der Kritik häufiger Probleme von Metaphernanalysen (vgl. Kap. 3) abgeleitet sind:

Qualität der Identifikation von Metaphern

Wenn im Sinne Gadamers die Identifikation von Metaphern (und Konzepten) als Bildungsprozess verstanden wird, dann ist dies keine (einmalige) Entscheidung über die Metaphorizität, sondern ein in einen Zirkel des Verstehens eingebundenes

Geschehen, das prinzipiell nie beendet ist. In diesem Sinne verstehen wir mehrfache Durchgänge durch das Material, alternative Rater oder Gruppenforschungen nicht als Instrumente zur Sicherung höherer numerischer Reliabilität, sondern als Hilfsmittel eines hermeneutischen Prozesses zur Sicherung besseren Verstehens.

Kohärenz, Anzahl und Sättigung der metaphorischen Konzepte
Die innere Stimmigkeit (Kohärenz) eines einzelnen metaphorischen Konzepts, die Menge der gefundenen metaphorischen Konzepte (als Ausweis der Ausdifferenzierung) und das Ausmaß ihrer Sättigung mit Material sind wesentliche Hinweise auf die Gründlichkeit und Sicherheit einer Metaphernanalyse. Je kohärenter die metaphorischen Konzepte, je umfangreicher mit Belegen die metaphorischen Konzepte dokumentiert werden, desto eher kann davon ausgegangen werden, tatsächliche metaphorische Projektionen erfasst zu haben.

Entfaltung der Implikationen der metaphorischen Konzepte
In Abschn. 7.1 waren Lakoffs und Johnsons Vorschläge, das „hiding" und „highlighting" eines metaphorischen Konzepts zu betrachten, um eine Heuristik erweitert worden, die spezifische Vergleiche innerhalb und außerhalb der Konzepte, das Fehlen von Metaphern etc. in die Interpretation einbezog, weil sich solche Vorgehensweisen in bisherigen Studien als Erkenntnis generierend gezeigt hatten. Je ausführlicher die Reflexion der Implikationen innerhalb des einzelnen metaphorischen Konzepts einerseits, zwischen den Implikationen verschiedener metaphorischer Konzepte anderseits ausfällt, desto eher kann davon ausgegangen werden, dass die wesentlichen Implikationen des metaphorischen Denkens entdeckt wurden.

Reflexion forschungs- und kontextbedingten Einbringens von Metaphern
Bei Interviews oder anderen interaktiv hergestellten Materialien ist zu analysieren, wie Metaphern der Interviewenden oder weitere Einflüsse in der Situation der Textproduktion sich auf das Material auswirken. Dazu sind die Textstellen nach metaphorischen Einwirkungen der Interviewenden zu überprüfen, also inwiefern sie Verlagerungen des Schwerpunkts bewirken, Missverständnisse erzeugen oder lenkende Formulierungshilfen bieten, die sich im Text rekonstruieren lassen.

Triangulation mit nicht metaphernanalytisch erhobenen Befunden
Steinke bleibt in ihrer Diskussion im Rahmen von Studien, die mit einer einzigen Methode ausgewertet wurden. Wie bei jeder Auswertungsmethode ist jedoch nicht immer zu erwarten, dass die systematische Metaphernanalyse alle Phänomene, die für die Forschenden von Interesse sind, allein erschöpfend beschreiben kann. Sie ist bisher als eigenständige Methode (Hroch 2005; Schmitt 2002a, b, 2006a)

genutzt worden, ebenso in Verbindung mit quantitativen Methoden (Moser 2000), der Grounded Theory (Schachtner 1999; Schulze 2007), Diskursanalysen (Holzer 2001; Karl 2006) und der qualitativen Inhaltsanalyse (Schmitt 1995; Gugutzer 2002), Gesprächsanalyse (Schröder 2015), psychoanalytisch orientierter Konversationsanalyse (Buchholz, Lamott und Mörtl 2008) und Varianten der Metaphernanalyse nach Lakoff und Johnson mit der Positionierungsanalyse (Low 2008). Es sind daher weitere Triangulationen mit anderen Auswertungsmethoden denkbar und je nach Forschungsfrage notwendig.

Begründung der Verallgemeinerung

Metaphernanalysen können als qualitative Forschung keine Aussagen über statistische Verteilungen machen, jedoch Rekonstruktionen von Mustern der Wahrnehmung und Sinngebung eines spezifischen Samples präsentieren. Wieweit diese auf andere Gegenstandsbereiche übertragen werden können, hängt vom Design der Studie ab (retrospektiv, Längsschnitt, Zustandsanalysen etc.; vgl. Flick 2012, S. 252–257) und vor allem auch von der Art des Samplings (vgl. zur Übersicht über davon abhängige Formen der Verallgemeinerung eigener Befunde Mayring 2007a).

Vollständigkeit von Erhebung, Interpretation und Präsentation

Qualitätsminderungen von Metaphernanalysen entstehen, wenn für die Forschungsfrage relevante Sprachmaterialien nicht erhoben, nicht ausgewertet, nicht interpretiert oder nicht präsentiert werden. Dies betrifft zum einen die unvollständige Erhebung von Metaphern aufgrund eines nicht explizierten oder diffusen Metaphernbegriffs, zweitens die fehlende Darstellung gegensätzlicher metaphorischer Konzepte, die in bisherigen Metaphernanalysen zugunsten einer scheinbar stimmigen Präsentation oft weggelassen werden, und drittens die vorab entschiedene Suche nach bestimmten Metaphern, welche ohne die konkurrierenden und begrenzenden Implikationen anderer Metaphern präsentiert werden. Diese drei Varianten stellen die deutlichsten systematischen Verzerrungen metaphernanalytischer Studien dar.

Fazit der Diskussion qualitätssichernder Kriterien

Die empirische Bewertung und Kritik einer systematischen Metaphernanalyse ist möglich. Neben offensichtlichen Verkürzungen wie einer selektiven Erhebung oder Auswertung, sowie einer falschen Indikation sind weitere Einschränkungen der Qualität einer Metaphernanalyse spezifisch benannt worden, die dazu führen, dass die angenommene Reichweite der Interpretationen eingeschränkt oder modifiziert werden muss.

7.3　Darstellung

Die Darstellung metaphernanalytischer Befunde ist eine besondere Herausforderung, denn das Verdeutlichen der Metaphorizität bremst den Lesefluss und ermüdet Lesende wie Zuhörende. Es empfiehlt sich daher, Texte besonders übersichtlich zu gestalten und kommentierenden Text und exemplarisches Beispiel in einem gut ausgewogenen Verhältnis zu präsentieren. Zur Darstellung metaphernanalytischer Befunde haben sich bisher die folgenden Varianten entwickelt, die meist in Kombination miteinander genutzt werden:

- narrativ-diskursiver Text in Einzelfallstudien, z. T. durch Geertz „dichte Beschreibung" angeregt (von Kleist 1987; Schmitt 1995; Schachtner 1999; Hroch 2005; Schulze 2007);
- überblicksartiges Referat der einzelnen metaphorischen Konzepte samt ihrer Implikationen für den Forschungsgegenstand (Schmitt 1995; Schachtner 1999; Hroch 2005; Gugutzer 2002; Barkfelt 2009);
- tabellarische Darstellung zentraler Konzepte und überzeugender Beispiele als Forschungsüberblick (Nürnberg 2010).

Die Darstellung wurde bisher von folgenden Visualisierungen unterstützt:

- durch Zeichnungen der Interviewten (Schachtner 1999),
- grafische Skizzen zur Verdeutlichung einfachster Sinnmuster, die von den Autor/innen der Studie erstellt wurden (Geffert 2006), und
- Fotografien mit thematischer Nähe zum beschriebenen metaphorischen Konzept (Barkfelt 2009).

Aufgabe
Im dritten Kapitel war danach gefragt worden, was Ihre eigenen Metaphern für Wissenschaft sind. Welche Dimensionen, Forschungsfragen, Methoden und Themen werden in der Perspektive dieser Metaphern in den Vordergrund gehoben? Welche werden dagegen undenkbar?

Designs von Metaphernanalysen, Erweiterungen und Schwierigkeiten

8

Bevor wir in den folgenden Kapiteln Beispiele für Metaphernanalysen vorstellen, sammeln wir abschließend Implikationen für das Design sowie einige Erweiterungen und Schwierigkeiten von Metaphernanalysen: So werden in qualitativer Forschung im Allgemeinen und in Metaphernanalysen im Besonderen oft die Art des Designs der Forschung nicht expliziert – hier folgt eine Übersicht, wie dies geschehen kann. Sowohl die Identifikation von Metaphern wie die Rekonstruktion von metaphorischen Konzepten haben in bisherigen Studien wie in Workshops praktische Probleme, aber auch Lösungen gezeigt.

8.1 Designs von Metaphernanalysen

Flick beschreibt, dass das Forschungsdesign in qualitativer Forschung häufig nicht reflektiert werde (Flick 2012, S. 252; vgl. Flick 2007, S. 172–192) – so fehlt diese Diskussion auch in umfangreichen Lehrbüchern wie zum Beispiel bei Lamnek (2005). Für metaphernanalytische Studien gilt mit wenigen Ausnahmen (z. B. Hroch 2005; vgl. Kommentar in Schmitt 2006b), dass die Implikationen des Designs vor allem im Hinblick auf potenzielle Generalisierungsziele kaum expliziert werden. Die folgende Rekonstruktion typischer Designs lehnt sich an Flicks Übersicht an, gliedert diese jedoch nach dem tatsächlichen Vorkommen entsprechender Forschung in veränderter Form.

▶ Designs von Metaphernanalysen können sein:

- Fallstudien (kulturelle Phänomene, Gruppen, personenbezogene Einzelfälle)

© Springer Fachmedien Wiesbaden GmbH, ein Teil von Springer Nature 2018
R. Schmitt et al., *Systematische Metaphernanalyse,*
https://doi.org/10.1007/978-3-658-21460-9_8

- Vergleichsstudien
- Retrospektive Studien
- Zustands- und Prozessanalysen
- Längsschnittstudien

Fallstudien
Entgegen dem gängigen Verständnis, Fallstudien als personenbezogene Einzelfallstudien zu konzipieren, umfasst der hier verwendete Fallbegriff auch Gruppen, Organisationen, Institutionen und Kulturen, insofern sie eine „Einheit eines
Untersuchungsprozesses, in dem Allgemeines und Besonderes in eine wie auch
immer geartete Beziehung gesetzt werden", bilden (Flick 2007, S. 177). Im Zentrum steht das für eine Forschungsfrage relevante soziale Phänomen in seiner
Komplexität und Ganzheit. Im Folgenden sollen Fallstudien auf den Ebenen der
Kultur, spezifischer Gruppen und von Einzelfallstudien unterschieden werden.

Fallstudien 1: Untersuchung kultureller Phänomene
Der tiefen Verankerung metaphorischen Denkens im Alltag entsprechen Studien,
welche die Einsozialisierung in die übliche Metaphorik einer Kultur und ihre
Weitergabe rekonstruieren. Als „Fall" wird hier ein kultureller Zusammenhang
gefasst. Gottfried und Jow (2003) dokumentieren in Langzeituntersuchungen der
Spontansprache von Kindern mit vergleichender Untersuchung der Vorlese- und
Bilderbücher, wie darin das „Herz" als konventionelle Metapher für sozialpositive
wie -negative Emotionen dominiert und ebenso „erfolgreich" vermittelt wird –
andere Körperteile, die zur Lokalisierung von Gefühlen genutzt werden (z. B. der
„Bauch"), werden von den untersuchten Medien deutlich weniger häufig genutzt.
Solche Studien zielen also auf elementare, einzelne Milieus übergreifende kultu-
rell wirksame metaphorische Denkmuster, deren Erwerb und Weitergabe.

Fallstudien 2: Metaphoriken spezifischer Gruppen
Zur Analyse gruppenspezifischer Metaphoriken hat z. B. Barkfelt (2009) die
Bewältigung einer Depression aus den literarischen Zeugnissen von depressiv
erkrankten Psychotherapeut/innen und Schriftsteller/innen rekonstruiert und Hinweise für therapeutisch nutzbare Metaphoriken entwickelt. Dies scheint das häu-
figste Design von Metaphernanalysen darzustellen.

Fallstudien 3: Einzelfallstudien
Individuelle Metaphoriken werden in vielen Studien in unterschiedlichem Umfang
thematisiert; ihre Analysen sind der Ausgangspunkt vieler klinischer Darstellungen, deren Umfang zwischen Fallvignette und umfassender Rekonstruktion

schwankt (von Kleist 1987). Als Beispiel aus den Gesundheitswissenschaften lässt sich Surmann (2005) nennen, der in seiner Studie über das Erleben von Epilepsiepatienten einige sehr persönliche Metaphern der Bewältigung der Anfälle dokumentiert, die den Grenzbereich des Sagbaren ausschöpfen. Einzelfallstudien erscheinen oft als Teil umfassender Studien (z. B. Barkfelt 2009, S. 24–32). Dieser Umstand bezeichnet Chancen und Grenzen von Einzelfallstudien: Der Präzision, dem Anregungsgehalt und dem Detailreichtum solcher Vertiefungen stehen Grenzen der Verallgemeinerung gegenüber (Flick 2007, S. 178), sodass sie ergänzend zu Auswertungsschritten genutzt werden, die über die Einzelfälle hinweg abstrahieren.

Vergleichsstudien

Vergleichsstudien betrachten „eine Vielzahl von Fällen im Hinblick auf bestimmte Ausschnitte" (Flick 2007, S. 179). Dieser Typus ist am deutlichsten in der Studie von Berthele (2008) präsent, in der sie die Metaphorik der Sprachenpolitik in zwei Bundesstaaten der USA mit der der Schweiz vergleicht: Sowohl im internen Vergleich zwischen Anhänger/innen und Gegner/innen eines weiteren Fremdspracherwerbs als auch zwischen den beiden Regionen erweist sich, dass die gleichen Quellbereiche einer Metaphorik (Sprache als Werkzeug, Sprache als Band/Bindung) ganz unterschiedlich genutzt werden.

Retrospektive Studien

Retrospektive Studien sind fast immer auch biografische Studien, in denen „rückblickend vom Zeitpunkt der Forschung bestimmte Ereignisse und Prozesse in ihrer Bedeutung für individuelle oder kollektive Lebensläufe analysiert werden" (Flick 2007, S. 180). Im Gegensatz zur Einzelfallstudie interessiert weniger die gegenwärtige Einbettung in soziale Dynamiken, dafür die Aufschichtung von Erfahrungen, die vergangene Bewältigung wie die Reflexion erlebten Geschehens, z. B. die Bewältigung einer Brustkrebserkrankung (Schmitt 2013). Aus der quantitativ-metaphernanalytischen Studie von Moser (2000) wissen wir, dass für das „ideale Selbst" (und dessen Zukunftserwartungen) andere Metaphern genutzt und z. B. solche des Kampfs vermieden werden könnten, also andere Sinnzusammenhänge gesucht werden (Moser 2000, S. 201). Dieser Hinweis verdeutlicht die Rolle der Interviewführung bei biografischen Interviews im Hinblick darauf, dass im bilanzierenden Schlussabschnitt alle Bereiche der Person angesprochen werden sollten.

Zustands- und Prozessanalysen

Eine Zustandsbeschreibung im Moment der Erhebung oder die Rekonstruktion eines Prozesses steht im Fokus dieser Momentaufnahmen (Flick 2007, S. 182). Metaphernanalytische Studien haben hier Anregungen aus der Konversationsanalyse und der Psychoanalyse aufgenommen. Dem gesprächsanalytischen Interesse, wie soziale Tatsachen lokal erzeugt werden, folgt Schröder (2015; hier Kap. 11), indem sie anhand einer Beratung von Männern zeigt, dass diese nach dem Muster schulischen Lernens nicht nur als Informationsweitergabe, sondern aus der Inszenierung eines Lehrer-Schüler-Verhältnisses funktioniert (mit Lob und Tadel etc.).

Längsschnittstudien

Kennzeichen von Längsschnittstudien ist die wiederholte Erhebung im gleichen Kontext, um Entwicklungen und Veränderungen abzubilden (Flick 2007, S. 183 f.). Vergleiche der metaphorischen Konzeptualisierung zwischen zwei Zeitpunkten der Erhebung finden sich im pädagogischen Kontext etwa bei Kochis und Gillespie (2006), die zwischen der ersten und zehnten Seminardurchführung eine Veränderung der studentischen Metaphorik feststellen. Im therapeutischen Kontext werden solche Prozesse bei Angus (1996) und bei Angus und Kormann (2002) beschrieben.

Fazit der Frage nach dem Design metaphernanalytischer Studien

Die oben genannten Designs qualitativer Forschung werden, wie erwähnt, nur äußerst selten expliziert und oft vermischt. Damit werden aber auch die mit dem jeweiligen Design implizierten methodischen Folgen nicht einer Reflexion zugänglich.

8.2   Besonderheiten der Identifikation von Metaphern

Eine wiederkehrende Herausforderung vor allem zu Beginn des Erlernens der Methode ist die Frage nach der Identifikation, also die Frage danach, wann genau eine Metapher vorliegt. Im ersten Kapitel war eine Regel zur Identifikation von Metaphern aus den Schriften von Lakoff und Johnson extrahiert worden, die hier noch einmal wiederholt wird: Eine Metapher liegt dann vor, wenn

a) ein Wort oder eine Wendung in einem strengen Sinn in dem für die Sprechäußerung relevanten Kontext mehr als nur wörtliche Bedeutung hat,

b) die wörtliche Bedeutung einem prägnanten Bedeutungsbereich (Quellbereich) entstammt,

c) und gleichzeitig auf einen zweiten, oft abstrakteren Bereich (Zielbereich) übertragen wird (vgl. Kap. 1).

Diese von Lakoff und Johnson abgeleitete Regel klärt in den meisten Fällen, allerdings müssen einige Grenzphänomene diskutiert werden. Ein Grübeln am Text, ob nun eine Redewendung metaphorisch ist oder nicht, ist in aller Regel unproduktiv und sollte durch einen zweiten Durchgang durch den Text ersetzt werden, wenn bereits metaphorische Wendungen erkannt und gegebenenfalls erste Konzepte gebildet wurden. Aber auch dann werden einige Zweifelsfälle auftauchen, die im Folgenden diskutiert werden.

▶ Besonderheiten beim Erkennen von Metaphern:

- Exemplarische Narrationen entfalten eine Metapher
- „Doppelgänger"
- Metonymien
- Metaphorisches Zitatformat
- Geste mit metaphorischem Wert
- Kausale & finale Konjunktionen, Adverbien, Präpositionen als Metaphern
- Metaphorischer Gehalt einer Äußerung erst nach Konzeptbildung verstehbar:
- Vergleiche als Metaphern behandeln
- „Tote" Metaphern

Exemplarische Narrationen entfalten eine Metapher
Für das metaphorische Konzept „Alkohol ist eine wertvolle Gabe" gibt es viele Belege, dieses Konzept wurde aber auch in kurzen Narrationen entfaltet (alle Beispiele im Folgenden aus Schmitt 2002a, b):

zu Hause da gab es keinen Alkohol da gab's auch kein Bier. Höchstens, wenn mal Geburtstagsfeier war da gab's mal Wein oder so, aber sonst. Soviel leisten konnten sie sich ja auch nicht mit 5 oder 6 Kindern alleine und da gab's eben wenig Alkohol. Wo dann die Schwiegersöhne kamen ja dann brachten sie selber was mit

Hier ist wenig Metaphorik zu finden (abgesehen von „*gab's* mal Wein" etc.). Die gesamte Narration aber bebildert vor dem Hintergrund des Interviews das metaphorische Konzept, dass Alkohol eine wertvolle Gabe sei. Daher schlagen wir vor, solche exemplarischen Narrationen in der Interpretation zur Stützung der Interpretation zu berücksichtigen. Bohnsack beschreibt „szenische" Metaphern im Sinn von „Beschreibungen und Erzählungen von (relativ) hohem Detaillierungsgrad, in denen zentrale Orientierungen ihren metaphorischen Ausdruck finden" (2011, S. 67) als „Fokussierungsmetaphern". Auch in der systematischen Metaphernanalyse können solche Narrationen als Metapher gefasst werden (genauer: als Allegorie, d. h. als ‚ausgebaute' Metapher), die in aller Regel durch andere metaphorische Redewendungen validiert werden. Vor diesem Hintergrund muss also die obige Definition, dass ein Wort oder eine Redewendung mehr als nur eine wörtliche Bedeutung haben solle, um sich als Metapher zu qualifizieren, dadurch ergänzt werden, dass auch eine umschriebene Textpassage diesen metaphorischen Mehrwert haben kann.

„Doppelgänger"
Buchholz (1996, S. 89 ff.) beschreibt mit „Doppelgänger" das Vorkommen von Formulierungen, die gleichermaßen wörtlichen und metaphorischen Gehalt transportieren. So fallen reale und gleichzeitig metaphorische Metaphern von Nähe und Distanz in einem Interview mit einem abstinent lebenden Mann an einer Textstelle auf, in der er über sein Verhalten berichtet:

> [war] ich immer *auf Abstand,* habe eben Knoblauch gegessen und Pfefferminze und dafür konnte ich jetzt *an den Menschen herangehen* und konnte mit ihm sprechen

„Abstand" steht hier sowohl für den räumlichen Abstand, den der Befragte unter dem Vorwand, er habe Knoblauch gegessen, zwischen sich und den Mitmenschen zum Vertuschen seiner Alkoholausdünstungen erzwingt, als auch für seinen reduzierten sozialen Kontakt, den „mitmenschlichen Abstand". In einem von Renate Gutmann mitgeteilten Beispiel, berichtet ein vierzehnjähriges Mädchen von ihrer an Depression erkrankten Mutter:

> … dass sie nicht einfach so irgendwie *weg gegangen* ist und so und *nicht mehr kommt*

In diesem Interview ist zwar wörtlich gemeint, dass die Mutter „weg gehen" könnte – jedoch mit der begründeten Angst der Tochter, die Mutter könnte sich umbringen; „weg gehen" und „nicht mehr kommen" stehen im Kontext eines möglichen Suizids. Solche gleichermaßen wörtlich wie metaphorisch gemeinten Formulierungen müssen daher auch als Metapher analysiert werden.

Metonymien

Mit den „Doppelgängern" überschneiden sich Redewendungen wie z. B. „zur Flasche greifen" für Alkohol trinken; nur ist hier nicht immer eine einzige Flasche gemeint. Eine Teilhandlung steht hier für den gesamten Verhaltensablauf und ist somit eher als Metonymie zu klassifizieren. Auch wenn Lakoff und Johnson Metonymien separat behandeln, sprechen sie analog zu metaphorischen Konzepten von metonymischen Konzepten (1980, S. 37 ff.; 2018, S. 47 ff.). Im Rahmen einer sozialwissenschaftlichen Untersuchung interessieren die kognitiven und kulturellen Konzepte – daher schlagen wir vor, sich auf den metaphorischen Anteil der Redewendungen zu konzentrieren. Die Übertragung besteht in diesem Fall aus dem Quellbereich der sinnlich-konkreten Geste („zur Flasche greifen") auf den Zielbereich des süchtigen oder missbräuchlichen Konsums von Alkohol, der sich mit anderen Formen konkreter Handlungen zu einem metaphorischen Konzept zusammenschließt, das eventuell Handlungsförmigkeit (und nicht Passivität) betont. Die linguistische Diskussion der Unterscheidung von Metapher und Metonymie ist kontrovers und Übergänge von Metonymie und Metapher sind häufig (vgl. den Sammelband von Dirven und Pörings 2002; Hagemann 2017). So ist nicht auszuschließen, dass die Regeln für die sozialwissenschaftliche Interpretation von Metonymien noch erweitert werden müssen.

Metaphorisches Zitatformat

Buchholz und von Kleist arbeiten im Anschluss an ethnomethodologische Befunde ein „metaphorisches Zitatformat" (dies. 1997, S. 116 ff.) heraus: Zitate können als Metapher stehen. Im folgenden Interview (zur Verfügung gestellt von Ute Karl) war das metaphorische Konzept einer Beraterin einer Arbeitsagentur, ihre Klient/innen zu „beeltern", bereits mit anderen Metaphern etabliert. Im folgenden Beispiel zitiert die Beraterin eine imaginäre Person, die sie sich in der Nähe ihrer arbeitslosen Kund/innen wünscht und diese wie folgt anleiten:

> komm, jetzt mach doch mal dies, probier doch mal das. Und das könntest Du doch auch

Im wortsemantischen Sinn ist dies keine Metapher – aber im Hinblick darauf, dass die im Zitat genannten Handlungen für eine bestimmte Haltung (Be-Elterung der Arbeitslosen) stehen, die auf ein anderes Handlungsfeld (Beratung) übertragen wird, ist dies als Metapher aufzufassen. Wie Buchholz und von Kleist (ebd.) hinweisen, wird die Autorschaft in diesem Zitatformat negiert bzw. an (imaginäre) Dritte abgegeben. Diese entlastende Funktion des Zitierens, zugespitzte Denkweisen anderen Personen in den Mund zu legen, ist in Narrationsanalysen als „Perspektivenveräußerlichung" (Glinka 2003, S. 214) beschrieben worden.

Geste oder Handlung mit metaphorischem Wert

Zu Erläuterung, was eine „Geste mit metaphorischem Wert" bedeutet, soll ein Beispiel aus dem Kontext der Suchtforschung dienen:

> Vielleicht [greift sich an die Stirn], dass man hier oben doch noch einen Funken drinne hat, Positives

Im weiteren Zitat geht es darum, dass Alkoholkranke sich oft als Behälter für negative Emotionen begreifen, die offenbar nicht anders verarbeitet werden können als durch Trinken, und in dem andere Emotionen keinen Platz haben. Solche redebegleitenden Gesten können als weiterer Beleg für metaphorische Konzepte genutzt werden, was an den Äußerungen eines um Worte ringenden Alkoholkranken mit kennzeichnenden Pausen sehr deutlich wird.

> [ein Alkoholiker] steht ständig den ganzen Tag unter Stoff, nicht wahr, ich eben auch, und deswegen war auch dieses… Hier oben drin [zeigt auf Kopf], das war kaputt, ich habe nicht mehr überlegen können. Ich habe in meiner…, eine Scheinwelt mir aufgebaut und habe da drin gelebt … Aber, wie gesagt, in deiner Scheinwelt, in der kleinen Welt, die du dir aufbaust, hier oben drin ist das [zeigt auf Kopf], immer psychisch gesehen, nicht wahr, die du hier oben aufbaust, in der lebst du, da lässt du keinen ran

Die Selbstwahrnehmung der eigenen Welt als engen Behälter wird mit dem Kopf als physischem Behälter unterlegt: Dies ist ebenfalls zur Stützung ähnlicher metaphorischer Konzepte zu notieren, die sich anhand von anderen Textstellen haben rekonstruieren lassen.

Die aus der kognitiven Linguistik hervorgegangene Gestenforschung ist inzwischen ein eigenes Feld (Schmidt 2007; Cienki und Müller 2008). Sie bleibt allerdings methodologisch bislang in einer wenig entwickelten Klassifikation von Gesten verhaftet; Anknüpfungen zur qualitativen Sozialforschung sind derzeit nicht entwickelt.

Kausale & finale Konjunktionen, Adverbien, Präpositionen als Metaphern

Die folgenden Formulierungen wurden zu dem metaphorischen Konzept „Alkohol ist ein Medikament" hinzugefügt und geben Aufschluss über den metaphorischen Gehalt von Präpositionen und Konjunktionen:

- dass man früh schon zwei drei Bier trinken muss, *damit* man ruhig wird
- Gerade nach dem Mittagessen da muss immer ein Kräuter-, ein Magenschnaps her. *Zur* Verdauung
- Mal einen [Schnaps] *zur* Beruhigung oder einen *zur* Freude
- Die Ärzte sagen hier, man soll sogar jeden Tag ein Glas Rotwein trinken, ganz trockenen Rotwein. Das ist gut *fürs* Blut und alles

Die Zweckbestimmung von Alkohol als Medikament ist in diesen Wendungen in den kausal oder final gebrauchten Konjunktionen und Präpositionen verdichtet, ohne dass explizite Metaphern der Medikation auftauchen.

Metaphorischer Gehalt einer Äußerung erst nach Konzeptbildung verstehbar:
Die Metaphernanalyse soll in der Regel in zwei getrennten Schritten erfolgen: Identifikation von Metaphern und anschließender Konzeptbildung. Doch ist qualitative Forschung ein iterativer Prozess: So erkennen wir den metaphorischen Gehalt einer Wendung womöglich erst, wenn wir mehr über die Konzepte wissen, die ein Phänomen strukturieren (Stichwort: hermeneutischer Zirkel). Wie etwa im folgenden Beispiel aus einem Interview zum Thema Alkoholsucht:

> [Alkoholkranke sollen] sich jemanden anvertrauen, die wirklich was davon verstehen, denn ich muss sagen, man kann solchen Leuten als *Normalsterblicher* nicht helfen

„Normalsterblicher" ist als Metapher zunächst nur schwer zu bestimmen. Vor dem Hintergrund, dass Alkoholismus aber in diesem Interview als Naturkatastrophe begriffen wird, die einen „erwischt", werden psychosoziale und medizinische Professionelle zu „Göttern in Weiß" – dann erst ist „Normalsterblicher" als komplementäre Metapher zu erkennen. Daher wiederholen wir einen bereits gegebenen Hinweis: Es lohnt sich nicht, beim ersten Durchgang bei der Rekonstruktion von metaphorischen Konzepten lange grübelnd an einzelnen Formulierungen zu sitzen – wenn offensichtliche Konzepte erst einmal gebildet worden sind, fällt es leichter, die Bezüge zu solchen, zunächst schwer zu interpretierenden Metaphern zu entdecken.

Vergleiche als Metaphern behandeln
Auch explizite Vergleiche („x ist wie y") übertragen die Eigenschaften von einem Sinnbereich auf einen anderen. Der Übertragungscharakter ist den Sprecher/innen zwar sehr viel bewusster als bei routinisierten Metaphern, dennoch können

wir sie wie metaphorische Wendungen behandeln und (den gleichen) Konzepten zuordnen. Wiederum Beispiele zum Alkoholkonsum:

- Das ist ja schon wie ein Nahrungsmittel.
- Das ist schwer zu verstehen, ich weiß. Ich bin krank. Ich bekenne mich zu meiner Krankheit, wie einer der Diabetes hat oder der herzkrank ist. Ich bin krank, ich bin kein Versager.

Im Kontext der kognitionslinguistischen Definition der Metapher versteht sich diese Einordnung der Vergleiche als Metapher eher von selbst (Stoffel 2003, S. 134); die Erfahrung aus Workshops hat aber gezeigt, dass es lohnt, auf diesen Punkt noch einmal explizit hinzuweisen.

„Tote" Metaphern
Ein wiederkehrendes, aber vielleicht überschätztes Problem von Metaphernanalysen ist die Frage, wann eine Metapher als ‚tot', d. h. als unwirksam in ihrer bildlichen Ausgestaltung eines Phänomens zu gelten hat. Lakoff und Johnson (1980) nehmen als Kriterium, dass eine Metapher dann als ‚tot' zu gelten habe, wenn sie keinen Bezug zu einem konzeptuellen Sinngefüge hat, z. B. „Tischbein". Jedoch ist diese Unterteilung, für eine Rekonstruktion individueller oder subkultureller Sinngebung wenig hilfreich, denn gerade hier ist damit zu rechnen, dass die Analyse des Metapherngebrauchs von Vorschulkindern Tischbeine als Schmerzen zufügende Wesen zeigen könnte, wenn sie sich den Kopf daran gestoßen haben und den „bösen" Tisch hauen – ganz im Einklang mit Piagets Hypothese vom Animismus des Kleinkinds. Außerdem ist in einem wichtigen Anwendungszweig der kognitiven Metapherntheorie, dem Sprach- und Zweitspracherwerb, für die Lernenden keine Metapher „tot", sondern höchstens unvertraut. Für eine hermeneutisch orientierte Metaphernanalyse ist also die Vorkategorisierung in ‚tote' und ‚lebendige' Metaphern eine potenziell Erkenntnis beschränkende und daher zu vermeidende Option. Das schließt nicht aus, dass am Ende einer Analyse Metaphern zu finden sein werden, die keine weitere systematische sinn- und bildübertragende Funktion zeigen.

8.3   Besonderheiten bei der Bildung von metaphorischen Konzepten

Die Aufgabe der Rekonstruktion metaphorischer Konzepte lautet, metaphorische Redewendungen, die den gleichen Quellbereich und den gleichen Zielbereich teilen, zusammen zu stellen und in einer Überschrift die Übertragung pointiert zu formulieren. In Forschungsprojekten und bei der Vermittlung der Methode haben sich dabei folgende Besonderheiten als wiederkehrende herauskristallisiert:

▶ Besonderheiten beim Bilden metaphorischer Konzepte:

- Metaphorische Wendungen, die in mehrere metaphorische Konzepte passen
- Szenische Aussage zur Benennung eines metaphorischen Konzepts
- Abstraktionshöhe der Konzepte
- Komplexe Praktiken als Konzept identifizieren
- Unterschiede zwischen wortsemantischen und pragmasemantischen Ansätzen

Metaphorische Wendungen, die in mehrere metaphorische Konzepte passen
Zur Verdeutlichung dieses Falles kann noch einmal das Beispiel herangezogen werden, dass in Gefängnissen Psychologen von den Inhaftierten mitunter als „Dachdecker" (Laubenthal 2001, S. 46) bezeichnet werden: Hier spielt die räumliche Metaphorisierung des Geistes in der Höhe eine Rolle (räumlich-orientierendes Schema), zudem kann der Mensch als Haus metaphorisiert werden (Sonderform der Behälter-Metaphorik, vgl. „nicht ganz richtig im Oberstübchen sein"). Schließlich ist bereits das metaphorische Konzept rekonstruiert worden: „Psychosoziale Arbeit ist handwerkliche Arbeiten" (vgl. „Psychoklempner") (Schmitt 1995). Die Redewendung vom Psychologen als „Dachdecker" passt in beide Konzepte und stellt damit eine Herausforderung dar. Eventuell sind solche Wendungen in mehrere Konzepte einzuordnen, deren Verbundenheit über diese Metaphern dargestellt werden sollte, oder es ergibt sich aus der Sammlung zwanglos ein übergeordnetes metaphorisches Konzept, das diese Formulierungen umfasst.

Szenische Aussage zur Benennung eines metaphorischen Konzepts
Lakoff und Johnson schlagen als Formulierungen für metaphorische Konzepte vor, das Schema einer Gleichung zu nehmen, z. B. „ARGUMENT IS WAR",

„Diskussion ist Krieg", um einzelne metaphorische Redewendungen zu bündeln („eine Position angreifen", „sich verteidigen", „er hat meine Argumente niedergemacht" etc.) (Lakoff und Johnson 1980, S. 4). Dieses Schema der Gleichung bündelt unterschiedliche Formulierungen zu einem Strang gemeinsamer Übertragungen. Gleichwohl kann diese Formulierung verkürzen. Das Konzept von Alkoholkranken „Die Wandlung zur Abstinenz geschieht am tiefsten Punkt" greift das Gleichungsschema nur mittelbar auf und bedient sich weitergehender, szenisch imaginierender Beschreibung. Man könnte die Gleichung formulieren: „Wandlung = tiefster Punkt"; aber diese Zuspitzung eliminiert die szenische Detaillierung und beschneidet den Inhalt des metaphorischen Konzepts.

Abstraktionshöhe der Konzepte
Welche Abstraktionshöhe sollen die gewonnenen Konzepte erreichen? Lakoff und Johnson (1980, S. 7–9) diskutieren eine komplexe Subkategorisierung, dass spezifische Konzepte Teil abstrakterer Konzepte sein können. In qualitativer Forschung interessieren im Gegensatz zu linguistischer Forschung kaum kulturelle Universalien wie Weg- und Behälter-Metaphern, sondern möglichst spezifische Konzepte lokaler Sinnzusammenhänge. Daher sollte eine nicht zu große Abstraktionshöhe gewählt werden, um der Besonderheit des untersuchten Materials gerecht zu werden.

Komplexe Praktiken als Konzept identifizieren
Kommunikation ist nicht nur Sprache – wie bereits nachgezeichnet lassen sich auch über Gesten und darüber hinaus kommunikative Praktiken rekonstruieren, die durch metaphorische Konzepte gesteuert sind. Im Folgenden wird ein Ergebnis der gesprächsanalytischen Arbeiten von Sachweh (1997) neu interpretiert: Die auch an anderen Stellen dokumentierte „Babysprache" in der Altenpflege. So finden sich in der Interaktion des Pflegepersonals mit demenzerkrankten Menschen folgende Sequenzen:

Interaktion

P: So was dummes! so, jetzt müssen wir uns waschen. okay?
B: wieso denn?
P: ja'n bißchen waschen müssen wir uns! sandmännchen aus den augen!
[...]
P: na denn frau adams, glei ham mer's. na dürfe sie sich hinsetze, gell?

B: mhm, oh mir tut alles wieder weh!
P: ha nei, schätzle!
(vereinfachte Transkription, nach Sachweh 1997, S. 97, 100)

Manifeste Metaphern sind wenige zu entdecken, wir finden nur das „Sandmänn-chen" und das „Schätzle". Wichtiger sind jedoch die damit verbundenen kommu-nikativen Praktiken des ‚baby-talk', die Sachweh (ebd., S. 95 ff) formuliert:

- Auf der lautlichen Ebene (Prosodie) lässt sich eine langsame Sprechgeschwin-digkeit und eine höhere Tonlage feststellen.
- Die Komplexität der Sätze ist sehr gering, die Äußerungen sind kurz. Verben erscheinen in der Gegenwartsform und kaum in Vergangenheitsformen. Die Fragen sind einfach und meist geschlossen. Die Pronomen der ersten und zweiten Person werden oft durch Eigennamen ersetzt oder es wird das verein-nahmende „wir" gebraucht.
- Die Äußerungen sind redundant und auf einen konkreten Kontext bezogen.
- Der Wortschatz ist klein, enthält verdoppelte Formen und Verkleinerungsfor-men.

Das sind sehr verschiedene Praktiken, die sich jedoch in einer metaphorischen Übertragung zum Konzept bündeln lassen: „Alte Menschen sind kleine Kinder". Sachweh (1997) hat ihre Daten konversationsanalytisch ausgewertet. Sie hat, ohne es zu benennen, eine metaphorische Übertragung gefunden, dass alte Menschen wie kleine Kinder behandelt werden. Die Benennung von Praktiken als Konzept konvergiert mit einem auf die Lebenswelt bezogenen Metaphernver-ständnis der kognitiven Metapherntheorie. Idealerweise lassen sich dafür auch entsprechende sprachliche Bilder finden, welche die Benennung der Praktiken als Konzept stützt.

Unterschiede zwischen wortsemantischen und pragmasemantischen Ansät-zen
Am Beispiel der Redewendung „da geht 'ne Entwicklung los" lässt sich eine Dif-ferenzierung vertiefen: Eine wortsemantische Zuordnung wird „Entwicklung" eher auf das Hantieren mit Band oder Faden als Quellbereich der Metaphorik beziehen. Eine pragmasemantische Zuordnung, die den weiteren Verwendungs-bereich des Wortes umfasst, wird „Entwicklung" eher als biologische „Entwick-lung" von Lebewesen sehen, d. h. den tatsächlichen Gebrauchskontext des Wortes als Quellbereich der Metapher identifizieren. Es scheint sinnvoll zu sein, die Ent-scheidung, ob bei „Entwicklung" nun der Quellbereich als „Faden, Band" oder

als „Entwicklung von Lebewesen" gedeutet wird, am Text zu fällen, ob dort weitere Metaphern im Kontext von Faden/Band oder weitere Beispiele für die Naturalisierung eines Phänomens zu finden sind. Eventuell trifft beides zu – dann sind beide metaphorischen Konzepte zu bilden und obige Redewendung unter beiden zu kodieren. (Nebenbei: In der Substantivierung zu „Entwicklung", die „los geht", ist auch eine Personifizierung von „Entwicklung" zur autonom handelnden Person enthalten. Bei weiteren im Text vorfindlichen Personifizierungen könnte diese dritte Kodierung ebenfalls erfolgen.)

Fazit der Besonderheiten bei Metaphernidentifikation und Konzeptrekonstruktion
Im sechsten Kapitel war die Abduktion als Form der Schlussfolgerung diskutiert worden: Es geht um jene Einfälle, in denen sich im Unverstandenen auf einmal gleichzeitig die Regel und ihr erster Anwendungsfall zeigen. Metaphernanalyse ist keine einfache regelbasierte Erkennung von Redewendungen als Metapher und keine „Ordnung" von metaphorischen Redewendungen zu Konzepten, sondern ein Verstehen einer Übertragung und das neue Benennen ähnlicher Übertragungen. Dafür braucht es einen freien Raum, der – handwerklich konkreter – aus einer Datei unklarer Redewendungen und unklarer Konzepte bestehen kann, bei deren wiederholter Durcharbeitung jener Einfall kommt, der eine neue Ordnung vorantreibt. Keine der oben genannten Zweifelsfälle dürfte den Interpret/innen sofort verständlich gewesen sein.

> **Aufgabe**
> Bestimmen Sie das Design Ihrer geplanten Metaphernanalyse. Welche Verallgemeinerungen sind damit *nicht* möglich?

Größere Beispiele 9

In den folgenden Kap. 9, 10, und 11 geht es darum, an Beispielen aus der Werkstatt der Metaphernanalyse zu lernen. Alle Beispiele sind dem Zweck der Einführung folgend kurz und fokussieren nahe am Material auf wesentliche Aspekte. Das Augenmerk liegt zunächst darauf, Metaphern zu identifizieren, d. h. zu erkennen, wenn ein Wort mehr als nur wörtliche Bedeutung hat, diese Bedeutung aus einem sinnlich konkreten Quellbereich entstammt und auf einen abstrakten und durch die Forschungsfrage gegebenen Zielbereich übertragen wird (Kap. 1). Im Anschluss daran wird vorgeführt, wie auf dieser Basis metaphorische Konzepte (Kap. 6) und/oder Metaphern generierende Schemata (Kap. 2) rekonstruiert werden können. Aus didaktischen Gründen orientiert sich auch die anschließende Vorführung der Interpretation anhand bspw. der Heuristik des „hiding" und „highlighting" (Kap. 7) ausschließlich an den kurzen Textabschnitten der Analyse.

9.1 „Wissenschaftsrat warnt vor ‚Dr. light'"

Im ersten Kapitel war eine Aufgabe zu einer Pressemeldung des österreichischen Wissenschaftsrats gegeben worden, die wir hier noch einmal kurz wiederholen:

Der Standard, 21. Juli 2014, 12:07 http://derstandard.at/2000003337142/Wissenschaftrat-warnt-vor-Dr-light
Wissenschaftsrat warnt vor „Dr. light"
Wissenschafter sorgen sich um zu geringe Hürden für Promotionen
Wien – Der Wissenschaftsrat plädiert für höhere Akkreditierungshürden für Hochschulen und warnt vor einer Verwässerung der Promotion. Derzeit seien in Österreich „Tendenzen zu einem Dr. light erkennbar, das heißt einer Promotion, die kein hohes Forschungsniveau und kein breites fachliches und disziplinäres Umfeld,

© Springer Fachmedien Wiesbaden GmbH, ein Teil von Springer Nature 2018
R. Schmitt et al., *Systematische Metaphernanalyse*,
https://doi.org/10.1007/978-3-658-21460-9_9

wie international üblich, zur Voraussetzung hat", heißt es in einer Stellungnahme des Rats.

Als Beispiel für diese Entwicklung führt das zur Beratung von Wissenschafts-minister und Nationalrat eingerichtete Gremium das Promotionsrecht für Privat-unis sowie neuerdings der Donau-Uni Krems sowie die Diskussion um ein solches für die Fachhochschulen an. Gleichzeitig stellt sich für den Rat die Frage, „ob die Akkreditierungshürden im Wissenschaftsbereich nicht zu niedrig liegen und damit zu einer Nivellierung des wissenschaftlichen und institutionellen Niveaus führen". Dies sei etwa dort der Fall, „wo privaten Einrichtungen, die zum Teil nicht einmal ein Fach oder eine Disziplin in allen ihren Teilen abdecken oder nur in geringem Maße über ein überzeugendes Forschungspotenzial verfügen, der Status einer Uni-versität zukommt" (APA, 21.07.2014).

Anhand dieses kurzen Textabschnitts soll nun die erste beispielhafte Analyse dargestellt werden. Der in der Übung zu Kap. 1 formulierten Forschungsfrage[1] folgend, soll das Material primär daraufhin analysiert werden, wie soziale Zuge-hörigkeiten und Ausgrenzungen metaphorisch konstruiert und wie Wertzuweisun-gen vorgenommen werden. Obgleich es sich um einen sehr kurzen Textabschnitt handelt, zeichnen sich aus den gefundenen Metaphern bereits erste metaphori-sche Konzepte ab. Wie Ihnen bei der Übung zu Kap. 1 wahrscheinlich aufgefallen ist, sind es vor allem dichotome räumliche Metaphern, in denen die behandelten Gegenstände sozial konstruiert werden.

Hoch vs. nivelliert

Die erste metaphorische Verräumlichung findet sich in der Imagination von Pro-motionen, die kein „hohes" Forschungsniveau hätten, also in der Furcht vor einer „Nivellierung" des wissenschaftlichen und institutionellen Niveaus. Die Dicho-tomie von hoch und tief bzw. flach/nivelliert knüpft an alltägliche Metaphoriken des „good is up" (Lakoff und Johnson 1980, S. 16 f.) an. Dieses vertikale Schema findet seine Ergänzung in einer horizontalen Imagination:

---

[1]Als Pressemitteilung könnte der Text ein Teil einer metaphernanalytisch fundierten Dis-kursanalyse sein – dafür bräuchte es allerdings einen deutlich größeren Materialkorpus (Schmitt 2017a, S. 161–175). Weiterhin wäre zu beachten, dass die zugrundeliegende Ver-lautbarung des österreichischen Wissenschaftsrats mit der Zeitungsmeldung verglichen werden müsste, ob durch die Redaktion alle Metaphern des Ursprungstexts übernommen oder bestimmte in den Vordergrund gestellt wurden.

Die Grenzen-Metaphorik

Als zweite Metaphorisierung als Raum erkennen wir darin, dass im Text implizit zwei Territorien mit einer Begrenzung dazwischen vorhanden sind, denn der Wissenschaftsrat sorgt sich um „zu geringe Hürden" für Promotionen, fordert „höhere Akkreditierungshürden" und ist beunruhigt, ob diese „nicht zu niedrig liegen". Das Territorium der universitären Promotion muss offenbar durch Grenzen von anderen Interessen geschützt werden. Ähnlich wie bei der Metaphorik der Grenzen in der Diskussion um Europa (Übersicht zu Metaphernanalysen des Europa-Themas Schmitt 2017a, S. 326–333) könnte mit mehr Material eventuell die Angst, ohne wirksame Grenzen „überrannt" zu werden, rekonstruiert werden – im vorliegenden kurzen Zeitungsartikel finden wir diese allerdings (noch) nicht.

Breit vs. nicht abdecken

Eine dritte räumlich-metaphorische Wertung findet sich in dem Vorwurf, eine Promotion an FH oder Privathochschule hätte „kein *breites* fachliches und disziplinäres Umfeld". Hier wird nun der Raum nicht durch Hürden getrennt, sondern es geht allein um die „Breite" des wissenschaftlichen Felds als Qualitätsmaßstab. Kongruent zu dieser Bildlichkeit wird moniert, dass diese Einrichtungen „zum Teil nicht einmal ein Fach oder eine Disziplin in allen ihren Teilen *abdecken*". Ähnlich wie das Schema oben-unten und die Metapher der hohen und niedrigen Hürden an einfachste körperliche Bewegungserfahrungen anknüpfend, steht Breite für eine raumgreifend-eindrückliche Präsenz, der in der Regel eine Defizitkonzeption gegenüber steht, nämlich, „schmal" zu sein; in unserem Kontext fällt einem der „Schmalspurwissenschaftler" ein. Das ist allerdings nur eine gedankenexperimentelle Ergänzung, die konkret an weiterem Textmaterial zu überprüfen wäre. Das „hiding" und „highlighting" dieser Metapher ist offensichtlich: Es wird verborgen, dass eine Doktorarbeit immer auch auf eine spezielle Fragestellung fokussiert, Wissen bündelt und zuspitzt. Sie stellt also mit der in ihr versammelten Expertise gerade das Gegenteil von vielleicht breitem, aber nicht besonders weiterführendem Wissen dar. Die Metaphorik stiftet damit sehr einseitige Bewertung, denn was würde eine Doktorarbeit zur Thematik psychosozialer Traumatisierungen gewinnen, wenn in der gleichen Fakultät auch die betriebswirtschaftliche Seite von Non-Profit-Organisationen im Kontext der Sozialen Arbeit angesiedelt wäre? Vermutlich nichts. Auf dieser Grundlage könnte in der weiteren Interpretation die Interessen der beteiligten Akteure in die Analyse einbezogen werden: Welche Interessen verfolgt der Wissenschaftsrat und wie unterstützt ihn dabei diese abwertende Metaphorik?

Das Substanz-Schema und seine verschiedenen Metaphern

Jenseits räumlicher Metaphern fallen weitere Metaphern der Wertzuweisung auf, in denen Wissen als Substanz in verschiedenen Metaphern gedacht wird. Diese sind zunächst nur Einzelfunde – dennoch lassen sich bereits erste Konzepte erahnen, die in der weiteren Analyse gebildet werden könnten. So fällt bereits in der Überschrift der „Dr. Light" auf: „Light"-Produkten sind kalorienreduzierte Nahrungsmittel aus der Käse- oder Wursttheke (Quellbereich), der „Dr. Light" wird damit zu einer weniger gehaltvollen Version des Doktorats. Wissen wird hier als Substanz präsentiert, und „leicht" gilt in der Umgangssprache als Metapher für etwas, das kaum Substanz hat, sozusagen ein geistiges „Leichtgewicht". Diese Deutung müsste freilich an weiterem Material fundiert werden. Das Substanz-Schema dokumentiert sich auch in der Warnung vor einer „Verwässerung" der Promotion, hier ist der Quellbereich der Metapher eine (strafbare) Nahrungsmittelverfälschung von reinem Wein oder natürlicher Milch (Universität) durch Wasser (FH). Ein empirischer Beleg, dass Dissertationen an diesen Einrichtungen schlechter sein müssten, wird nicht genannt – die metaphorische Imagination der „Verwässerung" reicht zur Verteidigung des etablierten Wissenschaftsbetriebs als „Argument". Ebenfalls in den Kontext des Substanz-Schemas gehört die Formulierung von den Institutionen, die nur „in geringem Maße über ein überzeugendes Forschungspotenzial *verfügen*". Wissen/Können bzw. Potenzial ist hier ein Besitz einer Entität, der das Nichthaben bzw. die geistige Armut („in *geringem* Maße ... *verfügen*") gegenüber steht. Auch hier rekurriert der Wissenschaftsrat auf eine alte Metaphorik, die nicht nur in der Bergpredigt („selig sind die geistlich *Armen*") zu finden ist, denn wie Bourdieu mit seiner Metaphorik der Kapitalien gezeigt hat, ist dies weiterhin ein theoretisch wie praktisch gut funktionierendes Sprachbild; hier wird geistige ‚Armut' den Fachhochschulen bzw. der Weiterbildungsuniversität attestiert.[2]

---

[2]Interessant wäre beim Studium des zugrundeliegenden Dokumentes, ob jenseits der metaphorischen Attribution von wissenschaftlicher Wertlosigkeit an die Adressen der Fach- und Privathochschulen auch inhaltliche Argumente zu finden sind, die in der printmedialen Präsentation keine Rolle spielen.

9.2 Ein Interviewbeginn mit exemplarisch markierten Metaphern

Das folgende narrative Interview zur Erfahrung einer Brustkrebserkrankung ist bereits metaphernanalytisch ausgewertet worden (Schmitt 2013), sodass die ganze Interpretation für die Sichtung eines Endergebnisses zugänglich ist. Die ersten zwei Seiten des Interviewbeginns werden im Folgenden kursiv markiert, wenn Metaphern für die Selbstdarstellung der Protagonistin und ihr Verhältnis zu signifikanten anderen Menschen auftauchen (Forschungsfrage). Zunächst werden aber auch die Metaphern der Interviewerin betrachtet:

Interview

I: also, wie sind Sie geworden, was Sie sind? Genau, und irgendwann *kam dann auch die Krankheit dazu.* Aber davor ist ja auch einiges passiert

E: [halb lachend] In 47 Jahren

I: und wo kommen Sie her? Und *was ist alles so in Ihrem Leben* hat, was hat sich ereignet?

E: Ja, gerne, das wird wirklich dann ne (halb lachend) *lange Geschichte.*

I: Von mir aus gerne! *Ich hab (lacht) viel Zeit dabei.* […]

E: Ja, wenn ich ganz anfange, dann bin ich am xx.yy.zz geboren, als erstes Kind … in einem kleinen Bundesland B-ischen Ort. Ehm, … ich hab noch … (leise) xy Geschwister, […]. Meine Eltern sind beide auch schon in diesem Ort *groß geworden.* Und das ist wirklich ein sehr, sehr kleiner, sehr enger Ort, in dem wir da lebten, in dem ich dann *groß geworden* bin. Ehm (4 Sek.). Meine Eltern haben gebaut. Also, … das erzähl ich, weil ich im, damit auch sagen will, es war manchmal *auch eng, bei uns, einmal wohnlich eng, dann war's finanziell eng.* Mein Vater war Hüttenarbeiter, … meine Mutter hat uns Kinder *erzogen* und das Haus und den Garten und ihre Schwester versorgt und ihren Vater. Also, so n ganz typisches Landleben eigentlich, *wenn ich darauf zurückschaue.* … Mmh, … ich bin dort zur Schule gegangen, … zuerst in den Kindergarten, dann dort in die Schule. Hm, und *da begann eigentlich der Weg, der mich dann zu meinem heutigen Leben führte.* Damals konnte man die Schule nur wechseln, wenn man ein … eh Schreiben des Schuldirektors hatte. Eh … ich fühlte mich eigentlich *berufen* nach der Grundschule, ja, die war damals auch noch ehm bis zum 6. Schuljahr. Dann dort *auf ein Gymnasium gehen zu können,* dazu fühlte ich mich [amüsiert, ironisch] *persönlich berufen.* Ehm, der Direktor hat mir das

Schreiben verweigert, indem er dann gesagt hat, ich sei genauso doof wie meine Eltern und (zieht die Luft ein) eh … *das Schreiben kriegte ich nicht. Das haben nur sehr wenige bekommen.* Ehm, das bedeutete für mich, dass ich *einen Volksschulweg gehen musste.* Und dann musste man mit einem Bus in eine andere Schule fahren, waren *zusammengestückelt,* Volksschule. … Mmh, von dort aus ehm … habe ich entschieden eine Hauswirtschaftsschule zu besuchen, *um weiter … zu kommen.* Mein Vater hätte sehr gerne gehabt, *dass ich ins Büro gehe irgendwo.* Und ich musste auch eine … *Aufnahmeprüfung machen,* bei dem damals größten Bundesland B-ischen eh … Arbeitgeber. Das waren die Firma XY, B-Stadt. Das musste ich zusammen *mit meiner Cousine machen* und es war der erste Schritt für mich damals laut mich *aufzulehnen,* indem ich … die Fragen in der Aufnahmeprüfung falsch beantwortet habe. Ich wusste sie richtig und dachte, ich muss da *durchfallen,* ich möchte da nicht hin.

I: Aha.

E: *Das ist nicht mein Weg …* und ich bin dann auch *durchgefallen …* und meine Cousine eben nicht. Und *um das zu,* … *zu untermauern,* dass ich nicht dumm bin, habe ich dann halt gesagt, dass *ich mich hab durchfallen lassen.* … Das *gab n großen Riss zwischen meinen Eltern und mir.* „Ehm … und was willst du denn sonst *machen?"* Ja, ich wusste nur, ich möchte noch n anderen Schulabschluss, … *um dann zu schauen, was ich mache.* Den Schulabschluss habe ich im Bundesland B *nicht mehr machen können* und deshalb hab ich mich entschieden, *dass ich in ein Internat gehe,* mmh, hier nach C-Stadt in der Nähe, auf dem Z-Berg. … Ehm, das nannte sich damals Pflegevorschule. Da konnte man eben diese Schulabschlüsse *über den zweiten Bildungsweg nachholen,* … ehm, so dass *mein Ziel* am Ende dort war, dass ich ehm … ne Art Berufsaufbauschule besucht habe, … um von dort aus dann … später einmal *eine Fachoberschule besuchen zu können* und mein *Fachabitur nachzumachen.* Und dann, *habe ich auch alles gemacht,* entscheidend war für mich schon *dieser Schritt ins Internat gehen zu, zu gehen, diesen Ort zu verlassen.* Damals hatten wir das von einer Berufs-Grundschullehrerin gesagt bekommen, *dass man dahin gehen kann.* Ich hab das *alles alleine gemacht* und bin dann im 14., 15. Lebensjahr *von zu Hause weg in dieses Internat* nach C-Stadt. … Eine sehr wichtige … *Erfahrung* für mich, ich hab da *sehr, sehr viel gelernt,* mmh … *viele gute Erfahrungen gemacht.* … Ehm … ja, aber *im Nachhinein* muss ich auch sagen, das ist das, *was einem Menschen fehlt,* wenn man sagt, er ist in der *Sturm- und Drangzeit seines Lebens* und muss eigentlich *rebellieren, um sich zu finden* oder *sich auch abzugrenzen,* um erwachsen zu werden und … *da war ich im*

Kloster sozusagen, wohlbehütet, in einem guten Rahmen, der mir ermöglicht hat, dass ich *ganz, ganz viele* … *ehm Erfahrungen mache* und auch meine Berufs-, meine Schulabschlüsse *wirklich gut nachgemacht hab* und *noch vieles mehr* an Praxiserfahrungen *gemacht hab,* an menschlichen Erfahrungen. … Ja und ehm … alle 14 Tage konnten wir nach Hause fahren, *das habe ich am Anfang gemacht.* Dann wurde *die Kluft eigentlich immer größer,* weil ich … niemanden so richtig *vermitteln* konnte, *was ich eigentlich da mache,* ja? Meine Freundinnen waren *in diesem Ort geblieben* und *sind auch diesen Weg gegangen* einen Beruf zu erlernen und … ehm *erste Bausparverträge anzulegen.*

9.3   Kurzer Kommentar zu den kursiv gesetzten Metaphernidentifikationen

Ein kritischer Umstand ist bei jedem Interview zu bedenken: Interviews sind keine nonreaktiven Daten, sondern in einem Dialog entstanden (vgl. Kap. 5). Wie wirken nun die unvermeidlichen Metaphern der Interviewer/innen auf die Sprachproduktion der Befragten ein? Die Interviewerin spricht von ihrem Interesse an der „ganzen" Person, an das Teil-Ganzes-Schema appellierend, sie würde nur einen „kleinen Ausschnitt haben". Dieses „Ganze" ist offenbar als Summe von Einzelteilen gedacht, die unbestimmten Mengenangaben „alles, was zu Ihrem Leben gehört" bestätigt diese Idee des Lebens als Sammlung und später des Wissens als Substanz, das man „mitbekommen" kann. Sie spricht auch zweimal im Rahmen des Substanz-Schemas davon, dass sie „viel Zeit auch dabei" hätte. Auf das Kernthema des Interviews bezogen, „wenn's um die Krankheit *geht*", fällt nur diese etwas diffuse Weg-Metaphorik auf, später „*kam* dann auch die Krankheit dazu." Es dominieren also Metaphern im Kontext des Teil-Ganzes- und des Substanz-Schemas, zwei konventionelle Formulierungen enthalten das Weg-Schema.

Was macht die Befragte daraus? Mitten zwischen zwei substanzialisierende Erläuterungen der Interviewenden positioniert sie ihre Anlage der Lebensgeschichte in der Frage: „*Lebensgeschichte ab Krebs oder vor Krebs?*" Das ist eine Verräumlichung eines Geschehens auf einer Strecke bzw. einem Weg. Erst sehr viel später werden wir auch bei ihr eine Substanzen aufzählende Metaphorik finden – aber in konventioneller Gebrauchsweise und kaum auffallend. Die Metaphorik der Interviewerin hat hier keine Auswirkung auf die Selbstpräsentation der Befragten. Deren Metaphorisierung des Lebens als Weg ist dagegen unübersehbar: Das Leben gilt ihr als (nicht ganz freiwilliger) Weg:

- da begann eigentlich der Weg, der mich dann zu meinem heutigen Leben führte.
- das bedeutete für mich, dass ich einen Volksschulweg gehen musste.
- Hauswirtschaftsschule zu besuchen, um weiter … zu kommen.
- über den zweiten Bildungsweg nachholen,
- so dass mein Ziel am Ende dort war,
- entscheidend war für mich schon dieser Schritt ins Internat gehen zu,
- zu gehen, diesen Ort zu verlassen.
- gesagt bekommen, dass man dahin gehen kann.

Unterstützt werden diese Metaphern von Doppelgängern, d. h. wörtlichen Orts- und Bewegungsangaben, die einen übertragenen Mehrwert im Hinblick auf ihren Gehalt an vermuteter Bildung beinhalten:

- von zu Hause weg in dieses Internat nach C-Stadt.
- Mein Vater hätte sehr gerne gehabt, dass ich ins Büro gehe irgendwo.
- auf ein Gymnasium gehen zu können,
- dass ich in ein Internat gehe, mmh, hier nach C-Stadt

Die Befragte hat oben die Metapher vom „Ziel" eines Wegabschnitts gesprochen, der Beginn dieses Wegs beginnt mit einer räumlichen Metapher:

- es war manchmal auch eng, bei uns, einmal wohnlich eng, dann war's finanziell eng.

Hier ist bereits zu Beginn des Interviews ein metaphorisches Konzept gesättigt – die weitere Auswertung kann dann untersuchen, ob sich dieses Konzept im Hinblick für die Befragte spezifizieren lässt, was die Weg-Metaphorik im Hinblick auf die Erkrankung, aber auch die Rekonvaleszenz bedeutet. Soviel zur Vorausdeutung auf die vollständige Interpretation: Die Metaphorik der Enge wiederholt sich drastisch in der Erfahrung der Diagnose; und in langer Auseinandersetzung mit der Erkrankung entwickelt sich ein anderer „Weg", der stärker ein gemeinsames Gehen (z. B. in der Patientenselbsthilfe) ist.

Eine weitere unscheinbare Metaphorik wird auch schnell unübersehbar, dass die Befragte einen großen Teil ihrer Lebensvollzüge – vor allem im Hinblick auf Beruf und Ausbildung – als „machen" beschreibt:

- Und ich musste auch eine … *Aufnahmeprüfung machen,*
- Das musste ich zusammen *mit meiner Cousine machen*

- „Ehm … und was willst du denn sonst *machen?*"
- anderen Schulabschluss, … *um dann zu schauen, was ich mache.*
- Den Schulabschluss habe ich im Bundesland B *nicht mehr machen können*
- mein *Fachabitur nachzumachen.*
- *habe ich auch alles gemacht,*
- Ich hab das *alles alleine gemacht*
- *viele gute Erfahrungen gemacht.*
- dass ich *ganz, ganz viele … ehm Erfahrungen mache*
- meine Schulabschlüsse *wirklich gut nachgemacht hab*
- und *noch vieles mehr* an Praxiserfahrungen *gemacht hab,*
- *das habe ich am Anfang gemacht.*
- niemanden so richtig vermitteln konnte, *was ich eigentlich da mache,*

Bereits in der Kürze des Anfangs deutet sich die „Macherin" an, die sich über ihr hohes berufliches Engagement definiert, und für die später die Erfahrung der Krankheit, die ihr „Machen" radikal unterbricht, zur existenziellen Katastrophe und zur Erfahrung von Wertlosigkeit wird.

Es bleiben viele Metaphern übrig, die nach den ersten zwei Seiten noch kaum zu Konzepten eingeordnet werden können, und die im Text kursiv markiert sind. Die Vielzahl unterschiedlicher Bilder benötigt die Erfahrung ihrer Sättigung – dass weitere ergänzende und das Konzept vertiefende Metaphern gefunden werden können – oder eben auch das Gegenteil, dass kurz konventionelle Bilder angedeutet werden, die keine besondere Relevanz für die Forschungsfrage zeigen, in welchen Mustern die Befragte sich, ihr Leben und signifikante Mitmenschen erlebt. Das trifft z. B. auf die Redewendung zu, dass die Mutter die Kinder „erzogen" hätte, die im weiteren Interview, auch das eine Vorausdeutung, keine Rolle mehr spielt.

9.4   Metaphern der Interviewenden

Im letzten Beispiel war schon die Problematik angeklungen, dass Interviewende folgenreiche und lenkende Metaphern stiften können. Natürlich lässt sich einwenden: Wenn man von der Wirkung von Metaphern auf die Reaktionen des Gegenübers weiß, hätte man versuchen sollen, möglichst nicht metaphorisch als Interviewer zu reagieren. Aber nach den Ausführungen der bisherigen Kapitel zu Lakoff und Johnson ist diese Position illusorisch: Unsere Alltagssprache ist wie die Wissenschaftssprache durchdrungen von Metaphern, wir können nicht ohne Bilder sprechen. Wir verstehen die Welt anderer Menschen durch unsere eigenen

Metaphern – und missverstehen sie. Dazu ein Beispiel (Schmitt 1995, S. 167): Der Helfer, ein Pädagoge, schildert eine Szene, in der die Kinder zwischen Eltern und Großeltern pendeln, je nachdem, wo es mehr Schokolade und weniger Erziehung gibt:

Interview

H: Das ist also auch insofern eine Verstrickung in der Familie, als die Groß-
       eltern da eine Rolle spielen, die wohnen gleich um die Ecke, das heißt, die
       Jungs flitzen mal von einer zur anderen Wohnung und wieder zurück, es
       scheint mir also in der Familie auch so zu sein, dass die Erziehungskom-
       petenzen gar nicht klar gegeben sind. Also viel tun nur die Großeltern, aber
       letzten Endes halten die Jungs doch zu den Eltern.

I: Also sind auch die *Generationengrenzen* sehr *schwammig.*

H: Ja, wobei, naja, also die Definition über die Generationengrenzen ist eher,
       finde ich nicht so wichtig, es ist halt so, dass praktisch zwei Personengrup-
       pen da sind, die sich um die Jungs kümmern in der Familie

Hier hat der Interviewer durch seinen Einwurf die Erzählung des Befragten ins Stocken gebracht. Dieser zögert mehrfach und korrigiert das harmlos Gemeinte des Interviewers vorsichtig und wiederholt dann die Hauptelemente seiner Erzäh-lung, als sei er überhaupt nicht verstanden worden. Was ist passiert? Schauen wir uns die Metaphern an: Der Helfer hat von einer „Verstrickung" geredet, davon, dass die Großeltern „eine Rolle spielen", er hat die Situation durch die Imagination des „Hin- und Herflitzens" der beiden Jungen beschrieben, davon gesprochen, dass die „Erziehungskompetenzen gar nicht klar gegeben" sind. Die Metaphorik des Interviewers enthält dagegen zwei damit inkompatible Bil-der: Das Modell der Generationengrenzen impliziert eine visuelle Metapher, die in familientherapeutischen Ausbildungen hierarchisch, von oben nach unten gezeichnet wird – also diametral der horizontalen Bewegung des Erzählers ent-gegengesetzt ist. Ebenso rekurriert die Formulierung der „schwammigen" Gren-zen nicht auf eines der Bilder des Erzählers, der sich dementsprechend völlig missverstanden fühlt und seine Geschichte mit anderen Worten wiederholt. Die Metaphern des Interviewenden waren nicht lenkend, sondern störend. Generell empfiehlt sich daher, die eigenen Fragen so sparsam wie möglich zu setzen und sich idealerweise an die Metaphorik der Befragten anzupassen. Am Beispiel eines studentischen Interviews, das mit einem mehrfach rückfälligen alkoholkranken Mann geführt wurde, lässt sich dieser behutsame Umgang mit der Sprache der Befragten zeigen:

Interview

B: [...] aber, irgendwo machst dann wieder klick im Gehirne, weil man wieder zu Hause sitzt und nichts zu tun hat, pipapo, die Langeweile, tuts ooch herausfordern, dass man dann in Laden geht und, was kost heutzutage so een Bier, wenn man so will, 25 Cent, ne Flasche Schnaps, 5 EUR, ne. Und na gut, dafür hat man immer Geld gehabt. Bloß für was anderes war dann nie Geld da weiter so. Und was soll ich dazu sagen. Ich hab ooch ne Langzeit gemacht. Das heißt, ich war vier Mal in F. gewesen, zur Entgiftung und, und, und, da wollt ich aber nie wieder hin. Und da hab ich halt, das letzte Mal, wo ich in F. war, ne Langzeit dann gleich gemacht im Anschluss, in V., naja, und danach war ich halt…[5 sek.] ne Weile trocken, mal so gesagt, vier Monate, man siehts ja wohin een das geführt hat, heute. Sonst würde ich heute bestimmt nich hiersitzen. [Pause]

I: Wo hat es Sie denn *hingeführt*, Herr B.?

B: Mmh, na wieder in den Alkohol. Obwohl die Langzeit da war, danach gings mir vier Monate gut, ging halt alles, aber dann war wieder der Punkt da, wo halt der Drang nach Alkohol größer war wie nach allem andern [...]

Der Befragte hat seine Erzählung abgebrochen an dem Punkt, an dem eine Zeit der gelungenen Alkoholabstinenz berichtenswert wäre, die er aus der Perspektive des ihn beschämenden Rückfalls jedoch kaum erzählen mag. Die Studierende nimmt seine Wegmetapher, wohin es „geführt" habe, wörtlich auf und erreicht eine Fortsetzung der Narration – kurz nach diesem Abschnitt erzählt er dann zum ersten Mal im Interview von seinen Suizidversuchen. Diese und ähnliche Fragen der Interviewenden, welche präzise die letzten metaphorischen Formulierungen aufnehmen, ermöglichten dem Befragten die Mitteilung auch bedrückender Erfahrungen.

Dieses Kapitel hat unterschiedliche Texte, einen Zeitungstext und Interviews exemplarisch analysiert sowie das Einbringen von Metaphern in Texte problematisiert. Die beiden nächsten Beispiele sind komplexer: Zunächst wird ein Text, der Altersbilder diskutiert, mithilfe der kognitiven Linguistik auf seine eigenen metaphorischen Konzeptualisierungen durchleuchtet; dann wird an einem Beispiel aus der Beratung die Verknüpfung von sequenzieller Gesprächsanalyse und Metaphernanalyse vorgeführt.

Metaphern des Alter(n)s (Weiterführendes Beispiel I)

10

Das folgende Kapitel stellt den konkreten Vorgang der Identifikation von metaphorischen Wendungen anhand einer zweiseitigen Textpassage des Sechsten Altenberichtes der Bundesregierung (BMFSFJ 2010) – und zwar eines der Kapitel der Einleitung, nämlich „Bedeutung von Altersbildern" (S. 23–24) – dar. Das Projekt[1], innerhalb dessen der vorliegende Text eine der Quellen darstellt, zielt auf die Rekonstruktion von Konzepten des „Successful Aging" und Vorstellungen von Alter(n) innerhalb der Gerontologie (Pfaller, Schweda 2017). Im Fokus steht damit die Identifikation von metaphorischen Wendungen mit dem Zielbereich „Alter" und „Altern", also der Prozess des Alterns zum einen und die Lebensphase des Alters zum anderen: Welche Wendungen sind Metaphern, welche nicht? Liegt ein eindeutiger Ziel- und Quellbereich vor? Welches Metaphern generierende Schema liegt der Wendung eventuell zugrunde? Wie kann mit Zweifelsfällen umgegangen werden?

---

[1]Die Analyse ist Teil des Projektes „Erfolgreiches = gesundes = gutes Altern? Altersbilder und Prämissen gerontologischer und sozialpolitischer Altersdiskurse in Deutschland": gefördert vom Bundesministerium für Gesundheit (ZMV I 1 – 2516 FSB 017); Projektzeitraum: 04/2017–12/2019; Projektleitung: Larissa Pfaller, Institut für Soziologie, FAU Erlangen-Nürnberg und Mark Schweda, Institut für Ethik und Geschichte der Medizin, Universitätsmedizin Göttingen.

10.1   Textgrundlage

1.1 Die Bedeutung von Altersbildern

Der individuelle und gesellschaftliche Umgang mit den Aufgaben und Anforderungen einer Gesellschaft des langen Lebens ist nicht zuletzt durch Altersbilder bestimmt. Altersbilder haben in zahlreichen Bereichen des Lebens Einfluss auf die Verwirklichung von Entwicklungsmöglichkeiten und auf den Umgang mit Grenzen und müssen aus diesem Grunde auch in einem Altenbericht zum zentralen Thema gemacht werden. Die Sachverständigenkommission zur Erstellung des Sechsten Altenberichts wurde von der Bundesregierung damit beauftragt, Altersbilder in Wirtschaft und Gesellschaft sowie in Politik und Kultur zu untersuchen und aufzuzeigen, in welcher Hinsicht sich diese Altersbilder auf die Teilhabe älterer Menschen am gesellschaftlichen und kulturellen Fortschritt auswirken. Weiterhin sollte die Frage beantwortet werden, inwieweit sich in diesen Bereichen eine differenzierte Darstellung des Alters sowie eine differenzierte Ansprache älterer Menschen finden lassen.

Die in unserer Gesellschaft dominierenden Altersbilder werden der Vielfalt des Alters, die in Zukunft eher weiter zunehmen wird, oftmals nicht gerecht. Die Verwirklichung von Entwicklungsmöglichkeiten im Alter kann durch Altersbilder, welche Stärken und Kompetenzen des Alters übersehen, erheblich erschwert werden. Dies zum einen, wenn Menschen ihre eigenen Fähigkeiten und Fertigkeiten unterschätzen und bestehende Chancen nicht ergreifen, zum anderen, wenn Menschen infolge ihres Alters Möglichkeiten vorenthalten werden. Des Weiteren können Altersbilder dazu beitragen, dass die Auseinandersetzung mit Grenzen erschwert wird. Wenn chronisch kranke oder pflegebedürftige Menschen lediglich in defizitbestimmten Kategorien wahrgenommen werden, hingegen nicht öffentlich kommuniziert wird, dass sie auch unter solchen Anforderungen seelische und geistige Stärken zeigen sowie in der Bewältigung dieser Grenzsituationen anderen Menschen durchaus als Vorbild dienen können, so erschwert dies die Auseinandersetzung mit Krankheit oder Pflegebedürftigkeit. Zudem wird auf diese Weise dazu beigetragen, dass bestehende Unterstützungsmöglichkeiten, die zur Erhaltung von Lebensqualität beitragen können, übersehen werden.

Die Zukunft des Alters und des Alterns ist in erheblichem Maße durch Altersbilder bestimmt. Altersbilder sind nicht lediglich unbedeutende Begleiterscheinungen eines gesellschaftlichen Umgangs mit Alter, sie schaffen vielmehr eine Realität, an der sich das für eine Gesellschaft charakteristische Verständnis von Alter (wann ist ein Mensch in welchen Situationen als „alt" zu betrachten und was bedeutet dabei im Einzelnen „alt"?) und der gesellschaftliche Umgang mit Alter orientieren und durch die der Umgang mit Alter begründet wird.

Altersbilder wirken sich nachhaltig auf das Selbstbild, auf die Nutzung von Potenzialen und Kompetenzen, auf die individuelle Lebensplanung und Bemühungen um eine Gestaltung des eigenen Alternsprozesses aus. Sie beeinflussen die Erlebens- und Verhaltensspielräume von Menschen, insbesondere deren Möglichkeiten und Gelegenheiten zu sozialer Teilhabe, zur Entwicklung und Nutzung von Stärken und Potenzialen.

Die Reflexion von Altersbildern erweist sich damit als eine wichtige gesellschaftliche Aufgabe. Das Alter ist in allen Gesellschaften ein zentrales Merkmal sozialer Differenzierung. In ihrem Alternsprozess werden Menschen mit gesellschaftlichen Strukturen konfrontiert, die Spielräume individuellen Erlebens und Verhaltens vorgeben und deren Anregungen und Anforderungen die individuelle körperliche, geistige und soziale Entwicklung beeinflussen. Dabei sind diese Strukturen nicht unabhängig von individuellen Alternsprozessen zu sehen, sie sind vielmehr auch als eine Reaktion der Gesellschaft auf die in früheren Geburtsjahrgängen typischerweise zu beobachtenden biologischen, psychologischen und sozialen Veränderungen zu interpretieren. Gesellschaftliche Strukturen in dynamischen Gesellschaften können in einen Widerspruch zu individuellen Kompetenzen und Bedürfnissen geraten, da individuelle Alternsprozesse je nach Geburtsjahrgang sehr unterschiedlich verlaufen können – so zeichnen sich spätere Geburtsjahrgänge im Allgemeinen durch einen besseren Gesundheitszustand, eine höhere fernere Lebenserwartung und durch veränderte Erwartungen an soziale Teilhabe aus. Ist dies der Fall, dann haben gesellschaftliche Altersbilder negative Auswirkungen auf die Möglichkeiten und Gelegenheiten einer an persönlichen Bedürfnissen, Wünschen und Präferenzen orientierten Lebensführung.

Altersbilder spiegeln sich nicht nur in mehr oder weniger geteilten Meinungen, Überzeugungen, Einstellungen und Ungleichbehandlungen wider. Sie tragen auch zur Etablierung und Verstetigung institutioneller Praktiken bei, die – häufig ohne dies zu beabsichtigen – ungerechtfertigte und unangemessene Meinungen, Überzeugungen, Einstellungen und Ungleichbehandlungen stützen und begründen.

10.2   Kommentierte Identifikation

Die Metaphernidentifikation innerhalb der ersten Absätze des Ausschnittes wird im Folgenden ausführlich vorgeführt. Anschließend erfolgt eine Darstellung aller gefundenen relevanten metaphorischen Wendungen, sowie ausgewählter Metaphern generierender Schemata und gebildeter metaphorischer Konzepte.

1.1. Die Bedeutung von Altersbildern – Schon in der Überschrift des Abschnittes finden wir eine Metapher zum Zielbereich „Alter" in der Wendung „Altersbild", die sich in einem Objekt-Schema verwirklicht. Alter ist hier vorgestellt als etwas, von dem es ein Bild geben kann, also als ein sichtbarer, materieller Gegenstand. Das abstrakte Konzept „Alter" wird hier als konkret erfahrbares und begreifbares Objekt metaphorisiert. Diese metaphorische Wendung sollten wir also sammeln, denn eventuell lassen sich bei weiterer Suche ähnliche Metaphern finden und zu Konzepten bündeln. Wir könnten etwa erfahren, um was für eine Art von Gegenstand es sich beim Alter handelt, wozu er dient bzw. was mit ihm gemacht werden kann (und was nicht). Es müssen aber in jedem Fall weitere Wendungen hinzugezogen werden, um den Gegenstand, als welcher das Alter gesehen wird, genauer spezifizieren zu können.

Im Objekt-Schema des „Altersbildes" verwirklicht sich zugleich eine Metapher aus dem Bereich der visuellen Wahrnehmung. Die Wendung passt zum metaphorischen Konzept „Verstehen = Sehen". Um eine Metapher handelt es sich, da Altersbilder nicht nur visuell wahrnehmbare Erscheinungen sind, sondern Bewertungen, Konzepte und Deutungen, die wir mit der Lebensphase Alter, dem Prozess des Alterns und älteren Menschen verbinden. Gleichzeitig ist es ein „Doppelgänger" (vgl. Abschn. 8.2), denn zu den Altersbildern gehören schließlich auch ganz konkrete Imaginationen und Darstellungen von älteren Menschen.

Eine weitere metaphorische Wendung finden wir im Wort „Bedeutung", in welcher sich Ziel- und Quellbereich identifizieren lassen: Der Zielbereich „Sinn" ist abstrakt. Der Quellbereich hingegen ist sehr konkret und körperlich: „Deuten" ist eine körperliche Bewegung, die den Blick auf etwas lenken soll. Der abstrakte argumentative Vorgang des „Deutens" ist also an eine körperliche Bewegung der Hand, sowie an die visuelle Wahrnehmung gekoppelt („erklären = sichtbar machen", ein bekanntes metaphorisches Konzept, das Helligkeit mit abstraktem Verständnis gleichsetzt – *etwas ans Licht bringen* vs. einen Sachverhalt *verdunkeln* etc.). Im „Be-deuten" wird zum einen diese Zeige-Geste betont und zum anderen wird Sinn als etwas Zugeschriebenes vorgestellt. Denn mit dem Deuten auf etwas findet immer eine Auswahl (dessen, worauf gedeutet wird) und damit das Verwerfen anderer Alternativen statt. Gleichzeitig ist „Sinn" nicht der Zielbereich des hier vorgestellten Forschungsanliegens – diese metaphorische Wendung brauchen wir daher nicht zu sammeln.

▶ Der individuelle und gesellschaftliche Umgang mit den Aufgaben und Anforderungen einer Gesellschaft des langen Lebens ist nicht zuletzt durch Altersbilder bestimmt.

Der erste Satz des Kapitels enthält zahlreiche metaphorische Wendungen, die allerdings nicht alle für die gestellte Forschungsfrage relevant sind, bzw. nicht den Zielbereich Alter und Altern aufweisen. Beispielsweise finden wir das Metaphern generierende Schema der Personifikation: „Die Gesellschaft" stellt Aufgaben und hat Anforderungen, wie sie eigentlich eine Person formulieren und an uns herantragen würde. Ihr wird damit Handlungskompetenz und Intentionalität zugeschrieben, aber auch Bedürfnisse. Für Soziolog/innen sind solche Metaphorisierungen von Gesellschaft natürlich höchst interessant, nicht zuletzt, da sie komplexe soziale Vorgänge mit einfachen Handlungsschemata fassen. Doch trifft die Frage nach Konzepten von „Gesellschaft" nicht direkt den Kern der gestellten Forschungsfragen.

Wie ist es aber mit der „Gesellschaft des langen Lebens"? Zwar ist das Kriterium des Zielbereichs „Alter" formal nicht erfüllt, doch referiert das „lange Leben" darauf, dass immer mehr Menschen in Deutschland ein immer höheres Alter erlangen können. Die Metapher „langes Leben" überträgt das Erleben eines konkret erfahrbaren Quellbereiches (Weg) auf einen abstrakten Zielbereich (Leben). Die Weg-Metaphorik begegnet uns immer wieder in Zusammenhang mit dem Leben – so sprechen wir vom „Lebensweg", können „vom rechten Weg abkommen", stoßen auf „Hindernisse" und so weiter. Noch unsicher, ob die hier gefundene Metapher bei der Zusammenstellung von Konzepten hilfreich sein wird, sollten wir sie sicherheitshalber mit in die Sammlung aufnehmen.

Zum Zielbereich Alter und Altern findet sich erneut das „Altersbild". Mit „bestimmen", werden Altersbilder als Personen metaphorisiert, welche sogar näher als zielgerichtet handelnde und mächtige (denn sie können bestimmen) Personen beschrieben werden können. Neben dem Personen-Schema findet sich gleichzeitig ein Kraft-Schema („force" bei Lakoff und Johnson): Das Kraft-Schema ist ein kausalitätsbeschreibendes Denkmuster („concepts of cause",

Lakoff und Johnson 1999, S. 170–234). Entwicklungspsychologisch ist es an die (frühkindliche) körperliche Erfahrung der Möglichkeit der Manipulation der Umwelt gebunden. Im vorliegenden Fall wird die Einwirkung auf die Umwelt in einer Metapher aus dem Quellbereich der Akustik gefasst („be-stimmen"). Zum einen werden z. B. Instrumente gestimmt. In der Handlung des Stimmens ist die Person die aktiv handelnde, die das Objekt planvoll manipuliert, sodass sich dieses anschließend in einer bestimmten Art und Weise verhält (klingt). Zum anderen wird auf die menschliche Stimme verwiesen: Ebenso wie der Ton der Stimme sich in einem Raum akustisch ausbreitet und dessen Atmosphäre be-stimmt, wirken Personen auf ihre Umwelt und soziale Situationen ein. Schließlich lässt diese Metaphorisierung auf den Sprech-Akt (beispielsweise in Form einer Anweisung) als konkretes akustisches Ereignis denken, welches andere Personen veranlasst, sich in entsprechender Art zu verhalten. Im vorliegenden Fall findet sich also für „Altersbilder" eine enge Verknüpfung von Personifizierungen und Kraft-Schemata. Altersbilder erscheinen als mächtige Personen und von ihnen gehen Kräfte aus, die kausale Wirkungen entfalten. Sie beeinflussen sowohl den gesellschaftlichen als auch den individuellen Umgang mit den Aufgaben und Anforderungen. Die Metapher sollte auf jeden Fall festgehalten werden, da sie Aufschluss darüber zu geben verspricht, wie (in der Gerontologie) Alter und Altern konzeptualisiert werden.

▶ Altersbilder haben in zahlreichen Bereichen des Lebens Einfluss auf die Verwirklichung von Entwicklungsmöglichkeiten und auf den Umgang mit Grenzen und müssen aus diesem Grunde auch in einem Altenbericht zum zentralen Thema gemacht werden. Die Sachverständigenkommission zur Erstellung des Sechsten Altenberichts wurde von der Bundesregierung damit beauftragt, Altersbilder in Wirtschaft und Gesellschaft sowie in Politik und Kultur zu untersuchen und aufzuzeigen, in welcher Hinsicht sich diese Altersbilder auf die Teilhabe älterer Menschen am gesellschaftlichen und kulturellen Fortschritt auswirken.

Gleich im nächsten Satz findet sich eine ähnliche Figur: Zum einen eine Personifikation der Altersbilder, die erneut als mächtige Personen („haben Einfluss") metaphorisiert werden. Zum anderen wird die ebenfalls wieder rekonstruierbare Kausalitätsvorstellung (hier als Einwirkung auf „Entwicklungsmöglichkeiten" und den „Umgang mit Grenzen") im Kraft-Schema diesmal mit der Metapher des „Fließens" gefasst und damit naturalisiert.

Eine weitere Metapher mit dem Zielbereich „Alter" findet sich in der Formulierung „Altenbericht". Jetzt muss noch der Quellbereich der Metapher geklärt werden, sofern es sich um eine handelt. Die Frage ist also, worüber im eigentlichen Wortsinn „berichtet", ein „Bericht verfasst" werden kann. Damit weist die Wendung das Alter bzw. alte Menschen als Gegenstand der Forschung aus, denn berichtet werden kann dann, wenn die Berichtenden über spezielles Wissen verfügen (eventuell Expert/innen oder Betroffene) bzw. wenn die Berichtenden über den Gegenstand Wissen eingeholt oder zusammengetragen haben. Die Wendung „Altenbericht" gibt uns damit auch Hinweise darauf, welche Haltung hier zum Alter bzw. alten Menschen eingenommen wird. Hinzu kommt das Metaphern generierende Schema des Raumes bzw. Behälters, denn Altersbilder werden „in" einem Altenbericht zum Thema gemacht. Wie genau dieser Raum oder Behälter aussieht, erfahren wir nicht, jedoch sollten wir die Wendung festhalten. Zwar steht hier nicht „das Alter", sondern „der Altersbericht" im Mittelpunkt, aber auch hieraus ließe sich in den nächsten Analyseschritten eventuell etwas über die Konzeptualisierung von „Alter" in der Gerontologie schließen.

Mit „in Wirtschaft und Gesellschaft" und „in Politik und Kultur" finden wir eine Gefäßmetapher, die wir auch festhalten, denn die interessierenden Altersbilder werden in diesen Bereichen verortet. Zudem erkennen wir die metaphorische Wendung, dass „Altersbilder sich auswirken", was wieder Ähnlichkeit mit den bereits gefundenen Metaphern des „Einfluss Habens" und des „Bestimmens" aufweisen: Altersbilder werden erneut als Einflussfaktoren in kausalen Ursache-Wirkungszusammenhängen konzeptualisiert (Kraft-Schema).

10.3 Metaphorische Konzepte

Im gesamten Textausschnitt konnten folgende für die Forschungsfrage relevanten metaphorischen Wendungen gefunden werden:

- Altersbild/Altersbilder
- Gesellschaft des langen Lebens
- durch Altersbilder bestimmt
- Altenbericht
- Altersbilder haben Einfluss
- in einem Altenbericht
- Altersbilder wirken sich aus

- Altersbilder in Wirtschaft und Gesellschaft
- Altersbilder in Politik und Kultur
- differenzierte Darstellung des Alters
- differenzierte Ansprache älterer Menschen
- dominierende Altersbilder
- Vielfalt des Alters
- Entwicklungsmöglichkeiten im Alter
- durch Altersbilder erschwert werden
- Altersbilder werden der Vielfalt des Alters … nicht gerecht Altersbilder, welche … übersehen
- Stärken und Kompetenzen des Alters
- infolge ihres Alters
- Altersbilder tragen bei
- Zukunft des Alters und des Alterns
- Altersbilder sind nicht lediglich unbedeutende Begleiterscheinungen
- gesellschaftlicher Umgang mit dem Alter
- Altersbilder schaffen Realität
- Verständnis von Alter
- Altersbilder wirken sich nachhaltig aus
- Gestaltung des eignen Alternsprozesses
- Reflexion von Altersbildern
- im Altersprozess
- gesellschaftliche Altersbilder haben negative Auswirkungen
- Altersbilder spiegeln sich wider
- Altersbilder tragen zur Etablierung und Versteifung institutioneller Praktiken bei
- … die – häufig ohne dies zu beabsichtigen – … stützen und begründen

Aus den metaphorischen Wendungen ließen sich folgende metapherngenerie-renden Schemata und metaphorischen Konzepte rekonstruieren:

Kraft-Schema: Altersbilder

- durch Altersbilder bestimmt
- Altersbilder haben Einfluss
- Altersbilder wirken sich aus

- Altersbilder tragen bei
- gesellschaftliche Altersbilder haben negative Auswirkungen
- durch Altersbilder erschwert werden

Behälter-Schema: Alter

- Entwicklungsmöglichkeiten im Alter
- im Altersprozess

Objekt-Schema: Alter

- Altersbild/Altersbilder
- differenzierte Darstellung des Alters
- Vielfalt des Alters
- gesellschaftlicher Umgang mit dem Alter
- Altersbilder spiegeln sich wider
- Gestaltung des eignen Alternsprozesses
- langes Leben

Personen-Schema: Altersbilder (Altersbilder sind mächtige, reaktionäre und ignorante Personen)

- durch Altersbilder bestimmt
- Altersbilder haben Einfluss
- Altersbilder, welche … übersehen
- Altersbilder werden der Vielfalt des Alters … nicht gerecht
- Altersbilder tragen bei
- Altersbilder schaffen Realität
- Altersbilder wirken sich nachhaltig aus
- Altersbilder tragen zur Etablierung und Versteifung institutioneller Praktiken bei
- … die – häufig ohne dies zu beabsichtigen – … stützen und begründen

Objekt-Schema: Altersbilder

- Altersbilder in Wirtschaft und Gesellschaft
- Altersbilder in Politik und Kultur
- durch Altersbilder erschwert werden
- Altersbilder spiegeln sich wider

(ausgewählte) metaphorische Konzepte:

Alter ist eine Eigenschaft von Personen

- infolge ihres Alters
- gesellschaftlicher Umgang mit dem Alter
- Alter ist in allen Gesellschaften ein zentrales Merkmal sozialer Differenzierung

Altersbilder und Alter sind Forschungsgegenstände

- Altenbericht
- differenzierte Darstellung des Alters
- Verständnis von Alter
- Vielfalt des Alters
- Reflexion von Altersbildern

10.4   Interpretation

Der ausgewählte Textausschnitt behandelt thematisch nicht in erster Linie Alter und Altern, sondern „Altersbilder". Dennoch ist er für die Forschungsfrage nach gerontologischen Konzepten des Alter(n)s von Bedeutung, denn an der Schnittstelle von gerontologischem und politischem Alters-Diskurs, an welcher sich die Altenberichte verorten lassen, sind Altersbilder offenbar ein aktuelles und wichtiges Thema, denn ein von der Bundesregierung beauftragtes Expert/innengremium verfasst einen mehrere hundert Seiten langen Bericht hierzu. Nicht verwunderlich ist es also, dass Alter, Altern und Altersbilder als Forschungsgegenstände metaphorisiert werden.

Dass ein Verständnis von Alter als Eigenschaft einer Person („infolge ihres Alters") ein metaphorisches ist, lässt sich durch die Anwendung der Analysekategorien des highlightings und hidings und das damit verbundene Heranziehen von alternativen Konzeptualisierungen verdeutlichen: Im vorliegenden Text wird Alter als etwas dargestellt, das eine Person „hat", sie „ist" alt. Damit wird Alter ein objektives, feststellbares Charakteristikum einer Person oder von Personengruppen (highlighting). Im Gegensatz dazu wird beispielsweise in der Soziologie betont, dass es sich bei Alter immer auch um eine Zuschreibung handelt. Alter wird von sozialen Akteuren im Sinne eines „doing age" (Laz 1998) enaktiert, performiert und in Interaktionen wechselseitig gedeutet. Die Zuschreibung von Alter legt den Akteuren damit bestimmte Handlungen eher nahe als andere, öffnet bestimmte Möglichkeiten und versperrt gleichzeitig bestimmte Wege. In dieser konstruktivistischen Sicht ist Alter keine natürliche, körperliche Eigenschaft, sondern stets sozial hervorgebracht und vermittelt, also als soziale Konstruktion zu verstehen (z. B. Schroeter und Künemund 2010; Künemund 2005). Welche Altersgruppen unterschieden werden, welche Eigenschaften aufgrund der Zugehörigkeit zu einer Altersgruppe einer Person zugeschrieben werden und welche Möglichkeiten unterschiedlichen Altersgruppen offenstehen, ist sowohl historischem Wandel unterworfen, als auch in verschiedenen Kulturen unterschiedlich bestimmt. Der vorliegende Textausschnitt ist von keiner dieser konstruktivistischen Annahmen getragen (hiding).

Ähnliches lässt sich für das Konzept von „Altersbildern" beschreiben: Altersbilder scheinen als in der Gesellschaft vorhandene wirkmächtige Entitäten, für die sich in den gesammelten metaphorischen Wendungen zahlreiche Kausalitätsmuster (Kraft-Schema) finden lassen. Systematisch werden sie hierin als Ursachen in Wirkungszusammenhängen dargestellt (highlighting). Zugleich werden sie als einflussreiche, (handlungs-)mächtige Personen metaphorisiert. Durch weitere sprachliche Wendungen lassen sich diese Personen sogar noch genauer charakterisieren: Sie verfestigen ungerechte institutionelle Strukturen („Versteifung") und ignorieren beharrlich eine (sich verändernde) empirische Wirklichkeit („übersehen", „werden nicht gerecht", „ohne dies zu beabsichtigen"). Sie sind damit nicht nur mächtig, sondern gleichzeitig auch reaktionär und ignorant – politisch eine brisante Kombination. Gleichzeitig wird so noch einmal hervorgehoben, dass die in Ursache-Wirkungs-Zusammenhängen wirkenden Kräfte von ihnen ausgehen, ohne dass gleichzeitig auf sie Einfluss genommen werden könnte. Ein Konzept von Altersbildern als soziale Gebilde, also die Frage nach der Entstehung und sozialen Herstellung, Aufrechterhaltung und Wandel von Altersbildern, bleibt in dieser Metaphorisierung außen vor (hiding).

Zuletzt soll diese Unterscheidung auf einer theoretischen Ebene gefasst werden. Hier bietet sich die klassische Begrifflichkeit von Berger und Luckmanns (2003) Dreischritt von Externalisierung, Objektivierung und Internalisierung an, welche eine alternative Metaphorisierung zur Verfügung stellt: „Gesellschaft ist ein menschliches Produkt. Gesellschaft ist eine objektive Wirklichkeit. Der Mensch ist ein gesellschaftliches Produkt." (Berger und Luckmann 2003, S. 65) Die soziologische Vorstellung, dass Altersbilder als soziale Phänomene begriffen werden können, wird im vorliegenden Textabschnitt nicht über die Vorstellung eines

Dreischrittes, sondern vor allem darüber eingelöst, dass Altersbilder als etwas vorgestellt werden, das uns als objektive Tatsache gegenübertritt. Wie Altersbilder in sozialen Interaktionen, Institutionen und Diskursen gebildet werden und dass damit Altersbilder nicht nur soziale Auswirkungen haben, sondern selbst immer schon sozial sind, bleibt in der Betrachtung (zumindest lässt sich das für den vorgestellten kurzen Textausschnitt festhalten) im Hintergrund.

Metaphern in der Beratung (Weiterführendes Beispiel II)

Das folgende Kapitel führt am Beispiel von Beratungsgesprächen das Identifizieren von Metaphern und das Zusammenfassen dieser zu metaphorischen Konzepten von Beratung vor. Im Mittelpunkt der beispielhaften Analyse soll in diesem Kapitel der metaphorische Gehalt von Handlungen und Interaktionen stehen. Die Metaphoriken entfalten sich dabei im konkreten beraterischen Tun der Interagierenden. Dieses „doing" ist Ausdruck spezifischer und geteilter Vorstellungen von Beratung.

Das Material entstammt einer empirischen Studie, in der die Bedeutung und Alltagslogik von Metaphern in Beratungsgesprächen einer Männergewaltberatung untersucht wurden. Exemplarisch aufgezeigt wird das metaphernanalytische Vorgehen anhand eines der in der Studie rekonstruierten metaphorischen Konzepts für Beratung („Beratung ist Schule"). Abschließend wird die methodische Reichweite der Metaphernanalyse reflektiert und überlegt, wie sie für die Analyse von Interaktionen nutzbar gemacht werden kann.

11.1 Warum eine Metaphernanalyse für die Untersuchung von Beratungsgesprächen?

Erst seit Beginn der 1990er Jahre wird in der sozialpädagogischen und psychosozialen Beratungsforschung die Bedeutung von Sprache in der Beratung als ein zentrales Thema verhandelt. Dies verwundert, denn dass „Beratung" wesentlich über Sprache funktioniert und damit „Sprechen" ein integraler Bestandteil eines jeden konkreten Beratungssettings ist, scheint zweifelsohne nicht sonderlich überraschend. Neu an dieser Perspektive auf Beratung ist dann auch gerade, diese als sprachlich eingebundenen Prozess aufzufassen und die mit Sprache verbundenen

Sinnkonstruktionen explizit hervorzuheben (Engel und Sickendiek 2004, S. 749 ff.). Metaphern kommt daher häufig ein besonderer Stellenwert in der Untersuchung von Beratungsgesprächen zu: Zu nennen sind in diesem Zusammenhang die metaphernanalytischen Rekonstruktionen in den Selbstdarstellungen von Psychotherapieklient/innen von Cornelia von Kleist (1987), die Analysen des Metapherngebrauchs in psychotherapeutischen Prozessen von Buchholz und von Kleist (1997), Berlin et al. (1991) und Najavits (1993), in Therapiegesprächen von Roderburg (1998), Buchholz, Lamott, Mörtl (2008), McMullen (2008), Cameron (2007, 2008) und Cameron und Deignan (2006), in der Einzelfallhilfe von Schmitt (1995) und in der ärztlichen Praxis von Schachtner (1999).

Im Folgenden soll dargestellt werden, dass nicht nur der metaphorische Gehalt von sprachlichen Wendungen, sondern auch der von Interaktionen in die Analyse einbezogen werden kann. Gezeigt wird dies anhand einer Sequenz, in welcher Berater und Klient die konkrete Beratungssituation mit Handlungen aus dem beiden bekannten Raum „Schule" füllen. Methodisch soll dies mit Anschluss an die Überlegungen von Buchholz und von Kleist zum Konzept der „Psychotherapie" erfolgen, die auf das Konzept „Beratung" übertragen werden:

Michael Buchholz weist darauf hin, dass es sich bei „Therapie" um einen komplexen Begriff handelt, der nur begrenzt in Worte zu fassen ist. Dennoch lässt sich in der Praxis der Therapie ein intuitives Verständnis ausmachen, ohne dass dieses „verstehende Wissen" jedoch genauer expliziert werden kann. Aus diesem Grund bezeichnen die beiden Autor/innen „Psychotherapie" auch als ein „leeres Konzept" (Buchholz und v. Kleist 1997, S. 88). Unter „leeren Konzepten" verstehen die Autorin und der Autor „Orte eines imaginierbaren Inhalts" (ebd., S. 78), die niemals vollständig kommuniziert, sondern immer nur angedeutet werden können. „Deshalb füllt Kommunikation diese leeren Konzepte nicht, sondern Kommunikation ‚markiert' Orte im semantischen Raum, die von Sprechern und Hörern mit unterschiedlicher Imagination besetzt werden können." (ebd.).

Ein „leeres Konzept" markiert damit den bildempfangenden Zielbereich, der imaginativ gefüllt wird – und zwar mit Metaphern. Denn Metaphern ermöglichen uns nicht nur, über Bereiche zu sprechen, über die wir kaum etwas sagen können, sie helfen uns auch, in ihnen zu handeln: Sie reduzieren (Handlungs-)Unsicherheiten, indem sie in einem komplexen und unbekannten Feld Deutungen (aus einem anderen und uns vertrauten Feld) anbieten und damit bekannte Handlungs- und Interaktionsmöglichkeiten zur Verfügung stellen.

Auch „Beratung" ist ein leeres Konzept, das imaginativ gefüllt wird. „Beratung" kann immer nur im Vollzug von den Interagierenden her- und dargestellt werden. Dabei wird davon ausgegangen, dass im interaktiven Vollzug Bilder bzw. Metaphern der Selbstdeutung der beraterischen Praxis erzeugt werden.

11.2   Was ist Beratung? Zur Analyse des metaphorischen Gehaltes von Interaktionen

Die folgende Darstellung einer Analyse beruht auf der Studie *Ich könnt ihr eine donnern – Metaphern in der Beratung von Männern mit Gewalterfahrungen* (Schröder 2015). Im Fokus der Untersuchung standen die Fragen danach, wie die Interagierenden im Gesprächsprozess sowohl das Thema Gewalt als auch die Beratung selbst gemeinsam metaphorisieren. Um überprüfen zu können, ob und inwiefern sich das Sprechen der Männer über Gewalt und Beratung im Verlauf des Beratungsprozesses verändert, war es notwendig, nicht nur ein einzelnes Gespräch, sondern eine Gesprächsfolge zu analysieren. Daher wurden insgesamt vier aufeinanderfolgende Beratungsgespräche zwischen einem Klienten und einem Berater in einer Männer- und Gewaltberatungsstelle aufgezeichnet. Zum Zeitpunkt der Gesprächsaufzeichnung befindet sich der Klient in der Trennungsphase von seiner Ehefrau. Im Verlauf dieser Phase eskalierte die Situation mehrmals und der Klient schlug seine Noch-Ehefrau. Daraufhin sucht er Rat und Hilfe in der Männerberatung. Die aufgezeichneten Gespräche entstammen dem bereits laufenden Beratungsprozess. Die jeweils 30 bis 60 min langen Aufnahmen wurden gesprächsanalytisch transkribiert (Selting et al. 1998) und anonymisiert: Die hier dargestellten Sequenzen enthalten fiktive Personen- und Ortsnamen.

Im Folgenden soll anhand des zugrunde liegenden Untersuchungsmaterials exemplarisch das metaphorische Konzept „Beratung ist Schule" nachgezeichnet werden.

Beratung ist Schule
Die Analyse von metaphorischen Gehalten von Interaktionen ist als Teil einer systematischen Metaphernanalyse zu verstehen und folgt daher den vorgestellten Untersuchungsschritten:

▶ Metaphernanalytisches Vorgehen:

   a) Zielbereich identifizieren
   b) Hintergrundanalyse/Eigenanalyse
   c) Datenerhebung
   d) Metaphorische Redewendungen identifizieren
   e) Metaphorische Konzepte rekonstruieren
   f) Konzepte interpretieren
   g) Triangulation/Gütekriterien
   h) Darstellung

a) Zunächst gilt es den Zielbereich zu benennen, für den Metaphern identifiziert werden sollen: In unserem Fall ist der Zielbereich „Beratung". Im Fokus der Analyse stehen damit Metaphern der „Beratung".

b) Für den zweiten Schritt, die Hintergrundanalyse, wurde zunächst die bereits existierende Forschungsliteratur nach anderen Metaphernanalysen zu Gewalt durchsucht, wie z. B. die Untersuchungen von Eisikovits und Buchbinder (1997, 1999). Ihre Analysen werden für die Interpretation der Ergebnisse als Vergleichshorizont genutzt.

c) Als Datenmaterial für die Analyse wurden – wie bereits dargelegt – Beratungsgespräche in einer Männergewaltberatung aufgezeichnet.

d) In einem vierten Schritt werden nun zunächst alle Metaphern tragenden Einheiten im Datenmaterial markiert, wie in folgender Sequenz veranschaulicht wird:

Ausschnitt 1

B: können wir mal äh so:,
      ich hatte sie ja gebeten;
      das sie bei ihr mal <u>ABfragen</u> um was es GEHT im augenblick.
K: hab ich gemacht.
      hab ich gemacht.
      und ähm sie hat mir dadrauf auch geantwortet.
      Ich hab dann am nächsten tag angerufen ne,
      ich bin da ja [n
B: [das war das-
K: <u>((öffnet seine tasche und holt einen zettel heraus))</u>
      <u>guter</u> schüler- ((lacht))
B: ((lacht))
      <u>student der schreibt mit</u> ne,
      <u>((stellt sich vor ein flipchart und schreibt das gesagte von dem klienten</u>
      <u>auf))</u>
K: genau-
      ALso sie will wissen wo ich im moment BIN- (2)
(Aus: E_MB1N_hannesk_1; Zeile 270–286. B: Berater; K: Klient)

Im Textausschnitt sind alle Textstellen mit metaphorischem Gehalt in Bezug auf Beratung unterstrichen. Hierbei sehen wir, dass nicht nur sprachliche Äußerungen („abfragen", „guter Schüler", „Student der schreibt mit") aufgenommen wurden, sondern ebenso nicht-sprachliche Elemente: Die Handlungen der Interaktionspartner. Das Herausholen eines Zettels aus der Tasche wird von K durch eine sprachliche Äußerung begleitet und verweist hierdurch über sich selbst hinaus. Die bloße Handlung, welche einen praktischen Nutzen erfüllt (Ablesen von einem Zettel zu ermöglichen), wird hier durch den Verweis auf „guter Schüler" in den Kontext von „Schule" gestellt. K holt den Zettel aus der Tasche wie ein Schüler die Hausaufgaben aus dem Schulranzen. Genauso lässt sich B's Handlung interpretieren. B kommentiert sein Mitschreiben mit „Student, der schreibt mit" und stellt seine Handlung damit ebenso in einen Kontext, der nicht nur über die Situation hinausweist, sondern sich aus dem gleichen Zielbereich „Schule" bedient.

▶ Es können nicht nur sprachliche Wendungen, sondern auch Handlungen Träger von metaphorischen Gehalten sein! (Vgl. Abschn. 8.2)

e) Nach der Markierung bzw. Identifikation der metaphorischen Redewendungen und Handlungen wird im zweiten Teilschritt versucht, ein metaphorisches Konzept zu rekonstruieren, d. h. alle metaphorischen Redewendungen, die der gleichen Bildquelle entstammen und den gleichen Zielbereich beschreiben, werden zu metaphorischen Konzepten unter der Überschrift ‚Ziel ist Quelle' geordnet.

Zielbereich	Quellbereich
Beratung	Abfragen, Zettel aus Tasche holen, Guter Schüler, Student der schreibt mit, Gesagte auf Flipchart notieren
Konzept: *Beratung* ist….	*Schule*

Anhand der Markierungen wird sodann deutlich, dass all die identifizierten metaphorischen Redewendungen und Handlungen einen gemeinsamen Quellbereich – hier die Schule – teilen. Vor diesem Hintergrund lässt sich das metaphorische Konzept „Beratung ist Schule" rekonstruieren.

Das rekonstruierte metaphorische Konzept „Beratung ist Schule" meint, dass Komponenten und Merkmale aus einem Erfahrungsbereich – hier der Schule – auf den der „Beratung" angewendet und übertragen werden. Im vorgestellten Beispiel wird Beratung damit nicht nur in Bildern der Schule sprachlich gefasst, sondern auch annektiert, also mit konkreten Handlungen ausgeführt und damit mit Bedeutung gefüllt.

Nicht nur in der vorgestellten Sequenz, sondern über die gesamte Gesprächsfolge hinweg werden von dem Klienten und dem Berater Bilder, die in dem Interaktionsfeld Schule zu finden sind, eingeführt und genutzt. In einem vorherigen Beratungsgespräch, auf welches in der obigen Sequenz Bezug genommen wird, hatte der Berater dem Klienten die „Aufgabe" – man könnte auch sagen: „Hausaufgabe" – aufgegeben, sich mit seiner Noch-Ehefrau in Verbindungen zu setzen und „abzufragen", was sie zukünftig von ihm erwartet. Der Klient hat seine „Hausaufgaben" erledigt, denn er zieht sie aus der Tasche und berichtet. Im Zuge dieser Szene kategorisiert sich der Klient selbst als „guter Schüler". Er nimmt hier also eine Selbstzuordnung in die Kategorie „Schüler" vor, die Teil der Kollektion „Schule" ist. In der Sequenzabfolge können eine Reihe traditioneller Unterrichtshandlungen beobachtet werden: Es geht beispielsweise um das Verteilen von „Aufgaben", um das „aufschreiben", „abschreiben", „zergliedern" und „verdeutlichen" der Inhalte an einer „Tafel" bzw. Flipchart. Auch die von ihm vorgenommene Bewertung von gut/schlecht bzw. „guter Schüler/schlechter Schüler" ist eine in der Schule übliche Einteilung. Der Klient nutzt hier sein kategoriegebundenes Wissen und definiert das Setting als Schule. Gleichzeitig bewirkt er damit potenziell auch eine Kategorisierung des Adressaten seiner Botschaft: Der Berater wird zum „Lehrer" und handelt entsprechend. Gemeinsam füllen Klient und Berater also über Interaktion und Kommunikation das „leere Konzept" Beratungsgespräch metaphorisch mit „Schule".

Im weiteren Verlauf des Gesprächs wird darüber hinaus eine stark ausgeprägte „Lern-Metaphorik" sichtbar, die ebenfalls dem Quellbereich der Schule zugeordnet werden kann.

Anhand der metaphorischen Redewendungen lässt sich rekonstruieren, dass die „Beratung" mehr oder weniger als schulischer „Lernprozess" gedacht wird, innerhalb dessen sich der Klient als „lernendes Subjekt" konzeptualisiert.

Ausschnitt 2

B: WIE könnten sie ihr das, (---)
     MITteilen;
K: keine [ahnung.
B: [wollen sie GAR nichts mitteilen,
K: DOCH ich würde ihr gern also <u>was MIR hängen geblieben</u> ist ne,
     ist einmal dieses hier dazu bin ich in der lage,
     und dieses hier,

bin ich auch ganz gut in der Lage,
aber dies hier; (-)
<u>will ich [lernen ne,</u>
B: [hm = hm
K: und das WILL ich auch = ähm <u>in beziehung zu bettina lernen ne</u>
ich MACH ja im moment diesen hier-
B: ja distanz-
K: genau-
und ich
diesen hier hab ich lange genug gemacht,
und da bin ich auch explodiert;
das haut nich hin.
(Aus: E_MB1N_hannesk_1; Zeile 412–430)

Zielbereich	Quellbereich
Beratung	Hängen bleiben, lernen wollen, lernen in Beziehung wollen
Konzept: *Beratung* ist….	ein *schulischer Lernprozess*

Der Klient berichtet zunächst, was bei ihm „hängen geblieben" ist. Das „Hängenbleiben" kann wiederum als Verb identifiziert werden, das dem schulischen Kontext entlehnt ist. Beispielsweise wird „Hängenbleiben" oftmals als umgangssprachlicher Ausdruck für ein Nicht-Versetzt-Werden benutzt. Im Kontext dieser Sequenz scheint sich jedoch das „Hängenbleiben" auf das von dem Klienten in der Beratung erworbene Wissen zu beziehen: Wissen wird verdinglicht, in der Vermittlung des Wissens ist ein Teil davon „hängen geblieben" und nicht nur etwas „vorbeigerauscht" und damit wieder abrufbar. Es wird jedoch nicht genauer expliziert, was bei ihm „hängen geblieben" ist. Stattdessen beendet der Klient seine Ausführungen mit einer Lern-Metapher. Auf diese Weise konzeptualisiert sich der Klient als Lernender. Da er seine Lernbereitschaft an den Berater adressiert, konzeptualisiert er ihn wiederholt als Lehrer und die Beratung als Schule.

Auch in anderen Gesprächssequenzen geht es um „erlernt haben" oder „erlernen wollen". Dabei wird einerseits „Gelerntes" quantifiziert und als messbare Substanz konzeptualisiert, denn der Klient hat „hier schon ne ganze menge auch gelernt", will „mehr davon erlernen", andererseits wird „Beratung" als Ort und Zeit des „Lernens" konzeptualisiert „hab ich heute gerade gelernt" oder „hier schon ne Menge gelernt".

f) Für die Interpretation des rekonstruierten metaphorischen Konzeptes „Beratung ist Schule" ließe sich beispielsweise fragen:

- Was beleuchtet, was verbirgt das metaphorische Konzept „Beratung ist Schule"?
- Welche interaktiven Funktionen der „Lern-Metaphorik" lassen sich herausarbeiten?
- Wie gestaltet sich die Beratungsbeziehung?
- Wie lässt sich das metaphorische Konzept „Beratung ist Schule" beratungstheoretisch kontextualisieren?

Weitere Ergebnisse und erste Interpretationen: Metaphorische Konzepte für Beratung
Im Rahmen der untersuchten Beratungsfolge ließen sich neben dem metaphorischen Konzept „Beratung ist Schule" noch insgesamt 10 weitere metaphorische Konzepte rekonstruieren:
Beratung ist Hören, Sehen, Unterstützung, Bewegung, Entlastung, Versorgen, Bauen/Spinnen, Arbeit, Grenzbearbeitung und Wachstum. Im Folgenden sollen diese metaphorischen Konzepte kurz vorgestellt und knapp kommentiert werden.

Beratung ist Hören
Bei der akustischen Metapher des Hörens handelt es sich in diesem Fall um einen Doppelgänger (Buchholz 1996 und hier Abschn. 8.2). Die Metapher des Hörens wird zudem von Berater und Klient gleichermaßen verwendet – mithilfe jener Metaphorik sichern und zeigen sich die Interagierenden im Beratungsgespräch Verständigung an. Darüber hinaus wird über das Hören eine spezifische Beziehungsqualität verdeutlicht: Insbesondere mit Blick auf die mit dem Verb „Hören" verbundenen Präpositionen wie das „Hören von" und das „Hören von Richtigem", welche ausschließlich von dem Klienten verwendet werden, lässt sich schlussfolgern, dass der Klient dem Berater im Gespräch eine höhere Deutungsmacht zuschreibt als er selbst und darüber eine hierarchische Beziehung etabliert wird.

Beratung ist Sehen

Die Metaphorik des Sehens ist ein typisches Konzept für Beratung (Schmitt 1995, S. 205 ff.). Das metaphorische Konzept des Visuellen erfüllt im Beratungskontext im Wesentlichen zwei Funktionen: Einerseits dokumentiert das Sehen die Entwicklung der Beratung als auch die Veränderung durch die Beratung und andererseits dient diese Metapher der Beschreibung der inhaltlichen Arbeit, wenn z. B. dem Klienten etwas „deutlich" gemacht werden soll bzw. gemeinsam „geschaut" und „drauf geguckt" wird.

Beratung ist Bewegung

Auch auf die Metaphorik der Bewegung wird im Kontext von Beratung oftmals rekurriert, um einerseits die Richtung und den Auftrag des Beratungsprozesses sowie die Entwicklung der Klient/innen artikulieren zu können. So wird beispielsweise thematisiert „wo die Klient/innen derzeit stehen", wo „sie nicht weiter kommen und hängen" aber auch wie sie „Schritt für Schritt ihr Verhalten ändern können". Andererseits impliziert diese Metaphorik eine operative Funktion für die Beziehungsgestaltung: So gilt es „einen gemeinsamen Weg zu finden", die Klient/innen zu „begleiten", manchmal auch „Brücken zu bauen" – allerdings bleibt stets eine gewisse Distanz gewahrt, allzu großen Nähe zu den Klient/innen wird nicht hergestellt (Schmitt 2017b, S. 152 f.).

Beratung ist Unterstützung und Beratung ist Entlastung/Erleichterung von getragenen Dingen

Metaphern aus der Bereich der Unterstützung und Entlastung sind ebenfalls typisch für den Kontext von Beratung. Insbesondere die Metaphorik der Erleichterung „von getragenen Dingen" wird oft begleitet von einer Bewegungs-/Weg-Metaphorik bzw. von Bildern der schweren Über- und Belastung, welche die Klient/innen „tragen" und „unter der sie leiden" (Schmitt 1995, S. 196). Mit dieser Metaphorik ist auch eine implizite Norm verbunden: Beratung führt zur Erleichterung. Die entsprechenden Metaphern der Beratung sind dabei das „(Mit-)Tragen von Last" und „(unter-)stützen". Schmitt sieht in dem Verb „unterstützen" eine Übertragung von körperlicher Aktivität auf die Sprache von Architektur und Bauwesen (denn hier gibt es „Stützen", „Träger" oder „Halteseile").

Beratung ist Bauen/Spinnen

Im Rahmen dieses Konzeptes wird die Selbsttätigkeit der Klient/innen stärker hervorgehoben. Die beraterische Arbeit wird dabei im Kontext der Beratung als Hausbau bebildert, bei dessen „Aufbau" („also das sie erst mal ein Fundament haben") bzw. dessen Konstruktion und Entwurf („und die Frage ist, wie können sie es gestalten") der Berater unterstützt.

Beratung ist Arbeit
Auch die Metaphorik der Arbeit ist im Kontext von Beratung nicht verwunderlich. So geht es beispielsweise um „Zeit die Dinge zu verarbeiten" oder Konflikte „aufzuarbeiten" und Beratungsinhalte gemeinsam „zu erarbeiten". So konstatiert Schmitt: „Die implizite Handlungslogik dieser Metaphorik ist einfach und klar: Vom ‚unbearbeiteten' zum ‚durchgearbeiteten' Problem, vom Material zum Endprodukt, was immer das auch sei" (Schmitt 1995, S. 215).

Beratung ist Grenzbearbeitung
Aus der Perspektive der kognitiven Metapherntheorie kann die Metapher der Grenze auf das Container/Behälter-Schema zurückgeführt werden: so geht es beispielsweise darum, dass die Klient/innen ihre Grenzen „spüren" und „wahrnehmen" oder auch darum eigene Grenzen den Gegenübern massiv zu „setzen", zu „zeigen" und den nötigen Respekt vor den eigenen Grenzen „einzuholen", damit diese nicht „überschritten" werden (Schröder 2014).

Beratung ist Wachstum
Bei der Metapher des Wachstums handelt es sich insofern um eine Besonderheit, als dass sie im empirischen Zugriff[1] im Kontext von Beratung nur selten vorkommt. Mit der biologischen Metapher des Wachstums werden menschliche Qualitäten, wie persönliche Erfahrungen, Entwicklungen und Veränderungen, verbildlicht. Beispielsweise ist vom „wachsen und reifen" der Persönlichkeit oder auch vom „säen", „anbauen" und „gedeihen" die Rede. Zusammenfassend werden über das Wachstum vor allem Weiterentwicklungen im Beratungsprozess indiziert.

Alle hier skizzierten rekonstruierten Konzepte bebildern Beratung und zeigen, wie sich Klient/innen und Berater/innen über das, was sie dann konkret Beratung nennen, gemeinsam verständigen; sie geben damit Antworten auf die Frage, wie professionell beraten wird. Denn obgleich die metaphorischen Formulierungen alltagssprachlicher Natur sind, sind sie in ihrer metaphernanalytisch zugespitzten Form Ausdruck spezifischer und geteilter Verständnisse von Beratung, ziehen Rollendefinitionen, Handlungszuschreibungen, Ziele, Deutungsregister und

---

[1]In der theoretischen Beratungsliteratur findet sie sich dagegen häufiger.

Interventionen nach sich und liefern auf diese Weise wichtige Hinweise für die impliziten Regeln und Muster professioneller Beratung.

g) Triangulation – Metaphernanalyse und Interaktion

Zum Abschluss dieses Kapitels wird nun der Einbezug metaphorischer Gehalte von Interaktionen in die Metaphernanalyse methodisch reflektiert. Bei der systematischen Metaphernanalyse handelt es sich um ein „Instrument mittlerer Reichweite, welches keine sequenzielle Analyseform einnimmt" (Pannewitz 2012, S. 109). Eine Metaphernanalyse kann beschreiben, *welches* Thema eingeführt wird, wie es kognitiv und bildhaft konzeptualisiert wird – sie vermag jedoch nicht zu beschreiben, *wie* dieses Thema eingeführt oder genauer: wie es im sequenziellen Gesprächsverlauf von den Interagierenden gemeinsam metaphorisch konzeptualisiert und hergestellt wird. In Anlehnung an die Untersuchungen von Buchholz und von Kleist wird jedoch davon ausgegangen, dass die rekonstruierten konzeptuellen Metaphern interaktiv wirksam werden und „die ‚Interaktion der Bilder‘ konstitutiver Bestandteil des Dialogs ist" (Buchholz und von Kleist 1997, S. 31). Die Metaphernanalyse muss daher um eine sequenzanalytische Rekonstruktion (in diesem Fall die Gesprächsanalyse) ergänzt werden, um die Methoden sichtbar machen zu können, mit denen die Interaktionsteilnehmer/innen die metaphorischen Konzepte kommunikativ herstellen, wie sie eingepasst, etabliert, wechselseitig fortgeführt oder vielleicht auch abgelehnt werden.

Die Gesprächsanalyse[2] geht davon aus, dass gesellschaftliche und soziale Tatbestände im Handeln reproduziert, hervorgebracht und verändert werden. Analysiert wird deshalb Kommunikation, wie sie sich im konkreten Handeln zeigt. Dabei wird versucht, die Methoden und ihre interaktiven Funktionen sichtbar zu machen, mithilfe derer Interagierende Gespräche so führen, dass sie als geordnetes und sinnvolles Geschehen verständlich werden (Deppermann 2008, S. 17). Mit „Methode" ist in diesem Zusammenhang gemeint, dass wir in alltäglichen wie auch in beraterischen Situationen „ein Wissen zur Verfügung haben und nutzen, von dem wir normalerweise nicht wissen, dass wir es wissen. Dennoch verwenden wir es mehr oder weniger gekonnt" (Buchholz und von Kleist 1997: S. 17). „Wissen" wird in diesem Zusammenhang als gesellschaftlich geteilt und als sozial konstruiert verstanden (Vehviläinen 1999, S. 25 ff.). Beispielsweise lässt sich beobachten, dass Interagierende während des interaktiven Vollzugs bestimmte Regeln einhalten oder eben: das ihnen zur Verfügung

---

[2]Eine detaillierte Übersicht über die Grundlagen und Vorgehensweise der Gesprächsanalyse findet sich bei Deppermann (2008).

stehende verinnerlichte Wissen nutzen – ohne sich dessen jedoch jederzeit ausdrücklich bewusst zu sein: Man spricht nacheinander (Turnorganisation), auf eine Frage erfolgt eine Antwort (Frage-Antwort-Format), auf einen Gruß reagieren wir mit einem Gegengruß, wir senken unsere Stimme bei der Beendigung eines Satzes und signalisieren unserem Gegenüber auf diese Weise, dass er „hier" das Rederecht übernehmen kann etc. Im Zentrum steht dabei die Frage, wie die Welt im alltäglichen Handeln erfahren, beschrieben, erklärt und sichtbar gemacht wird, d. h. als sinnhaft strukturiert wird.

Die Integration von systematischer Metaphernanalyse und Gesprächsanalyse ermöglicht somit zweierlei Perspektiven, wobei beide Perspektiven in einer empirisch produktiven Weise aneinander anschließen: Beiden methodischen Disziplinen geht es um die Analyse von Sprache, wobei Sprache nicht als eine „abstrakte Größe" untersucht wird, sondern in ihren konkreten Verwendungszusammenhängen (Galinski 2004, S. 21). Beide versuchen die Herstellung von „Bedeutung" zu rekonstruieren. Während sich die Gesprächsanalyse dabei auf das „wie", d. h. die interaktive Herstellung von Bedeutung abzielt und die Organisation der Interaktion formal analysiert, fokussiert die systematische Metaphernanalyse die Inhalte der Interaktion und versucht die darin enthaltenden „Deutungen der Situation" zu bestimmen. Die Integration beider Vorgehensweisen eröffnet schließlich die Perspektive zu zeigen, wie Bedeutung interaktiv konzeptualisiert, hergestellt und wirksam wird.

h) Darstellung

Im Verlauf der Analyse wird deutlich, dass die rekonstruierten Ergebnisse zum einen entlang von ausgewählten Gesprächssequenzen und zum anderen anhand von metaphorischen Redewendungen im Fließtext gezeigt werden. Die Darstellungsform der rekonstruierten und interpretierten Ergebnisse sollte abhängig vom Forschungsdesign erfolgen.

▶ Eine detaillierte Schilderung und Darstellung jener Methoden-Kombination findet sich bei Julia Schröder (2015): „Ich könnt ihr eine donnern" – Metaphern in der Beratung von Männern mit Gewalterfahrungen. Weinheim und Basel: Juventa.

Bilanz und zukünftige Entwicklungen der Metaphernanalyse 12

Am Ende dieser Einführung soll das Wichtigste noch einmal zusammengefasst werden:

- Was charakterisiert die systematische Metaphernanalyse?
- An welchen Stellen grenzt sie sich von der kognitiven Metapherntheorie ab?
- Welche Rolle spielt sie auf dem „Markt" der qualitativen Forschung bzw. welche Rolle könnte sie spielen?

Anschließend soll ein Ausblick auf zukünftige Entwicklungen gegeben und zuletzt einige praktische Hinweise formuliert werden.

12.1 Charakterisierung der systematischen Metaphernanalyse

Die wichtigsten Charakterisierungen der Methode sollen hier noch einmal in Stichworten dargestellt werden:

- Definition von Metapher: Metaphern sind übertragene Muster der Wahrnehmung, des Denkens und des Handelns aus einem früher erfahrenen Bereich auf einen anderen. Diese Übertragung von Erfahrung kann individuell und einzigartig wie kulturell gebahnt und sedimentiert sein. Metaphorische Übertragungen sind in sprachlicher Form am leichtesten zu erkennen (Kap. 1).
- Ziel der Analyse: Die Metaphernanalyse rekonstruiert kulturell verbreitete, sozial situierte und individuell produzierte Metaphern, durch die hindurch Subjekte ihre Welt herstellen wie wahrnehmen. Diese Orientierung an der

© Springer Fachmedien Wiesbaden GmbH, ein Teil von Springer Nature 2018
R. Schmitt et al., *Systematische Metaphernanalyse*,
https://doi.org/10.1007/978-3-658-21460-9_12

metaphorischen Vorinterpretiertheit der Welt bestimmt seit der ersten Publikation von Lakoff und Johnson (1980) den Ansatz der kognitiven Linguistik wie auch die hier vorgelegte Version einer qualitativen Metaphernanalyse. Die vorgestellte Form der Metaphernanalyse begreift sich in dieser Perspektive als ein Verstehen des Verstehens, als ein Verstehen zweiter Ordnung (Kap. 4).

- Die systematische Metaphernanalyse bezieht sich auf einen für die Erfassung alltagssprachlicher Materialien adäquaten Begriff der Metapher und bevorzugt nicht in rhetorischem Sinn auffällige Metaphern (Kap. 1).

- Die systematische Metaphernanalyse orientiert sich am Begriff des metaphorischen Konzepts, das viele gleichsinnige Metaphern umfasst, und nicht an einzelnen metaphorischen Redewendungen, um Übergeneralisierungen zu vermeiden (Kap. 1).

- Die systematische Metaphernanalyse erfasst alle metaphorischen Redewendungen eines Textes, die einen Bezug zur Forschungsfrage haben, und nicht nur die vor dem Hintergrund der Vorprägungen der Interpret/innen besonders bedeutsam erscheinenden Metaphern (Kap. 6).

- Die systematische Metaphernanalyse kontextualisiert metaphorische Konzepte im Vergleich mit ähnlichen, aber auch gegenteiligen Konzepten, um die Kontur des gesamten konzeptuellen Systems eines Sprechers, oder einer Sprecherin einer Gruppe oder eines Phänomens und der jeweiligen Implikationen zu erhalten (Kap. 7).

- Die systematische Metaphernanalyse bezieht sich in der Erhebung auf reflektierte Samplingstrategien und kann damit Grenzen der Verallgemeinerung ihrer Befunde angeben (Kap. 5).

- Die systematische Metaphernanalyse bietet Sicherungen gegen das durch individuelle Wahrnehmungsmuster der Interpret/innen hervorgerufene Übersehen von Metaphern an (Kap. 5).

- Die systematische Metaphernanalyse bezieht den kulturellen Kontext ein und erlaubt es damit, die kulturelle Üblichkeit eines metaphorischen Musters zu identifizieren, aber auch das Fehlen von Metaphern zu interpretieren (Kap. 7).

- Die systematische Metaphernanalyse bietet verschiedene heuristische Hilfen an, die typische metaphorinduzierte Ausblendungen und Hervorhebungen erkennen und Interpretationen am Material generieren lassen (Kap. 7).

- Metaphernanalytische Ergebnisse sind verallgemeinerbare Existenzaussagen von Sinnzuweisungen. Verteilungsaussagen sind erst mit einer daran anzuschließenden quantitativen Analyse möglich (Kap. 7).

- Metaphernanalysen in diesem Sinn können beanspruchen, verlässliche und für bestimmte Kontexte spezifische Verallgemeinerungen von Sinnzusammenhängen zu generieren. Die Reflexion der Qualität von Metaphernanalysen kann sich an allgemeinen und spezifischen Gütekriterien für qualitative Forschungen orientieren (Kap. 7).

12.2 Modifikationen der kognitiven Metapherntheorie

Die kognitive Metapherntheorie von Lakoff und Johnson und ihren Nachfolger/innen ist eine linguistische Theorie. Ihr Transfer in den Kontext der Sozialwissenschaften fordert daher einige Anpassungsleistungen:

- Die systematische Metaphernanalyse fasst im Gegensatz zur kognitiven Metapherntheorie das Interpretieren lebensweltlicher Materialien nicht als theorieloses Suchen, Finden und Ordnen auf, sondern als Hermeneutik (Kap. 4), in der abduktive und induktive Schlussfolgerungen am Material generiert werden (Kap. 6). Metaphernanalyse erscheint als mehrschrittiges Verfahren, für das Regeln angegeben werden können (Kap. 5, 6, und 7).
- Die von Lakoff und Johnson beschriebenen metaphorischen Konzepte sind als Ergebnis fast immer zu allgemein für sozialwissenschaftliche Forschungsfragen; es scheint notwendig, die im konkreten Material treffendste Rekonstruktion von sozialem Sinn anzustreben. Die hier vorgeschlagene Methodik steht damit im Gegensatz zu einer Tendenz der kognitiven Metapherntheorie, universell gültige Konzepte rekonstruieren zu wollen.
- Die kognitive Metapherntheorie wurde für ihre Nutzung im Kontext einer sozialwissenschaftlichen Metaphernanalyse als Hintergrundtheorie im Hinblick auf zentrale Begriffe reduziert (Kap. 1–2). Dass diese Begriffe im Rahmen ihrer nun mehr als 30-Jährigen Theoriegeschichte nach wie vor aktuell sind, spricht dafür, den Anschluss an den Kern des theoretischen Unternehmens gefunden zu haben (Schmitt 2017a, S. 37–87).
- Die sozialwissenschaftliche Auseinandersetzung mit der kognitiven Metapherntheorie führt zu Erweiterung ihrer Annahmen: So könnte es sinnvoll sein, dem ungestalteten Körperbezug bei Lakoff und Johnson das elementare Schema „Geschlecht" hinzuzufügen (Schmitt 2017a, S. 405–435).
- Durch die Triangulation mit anderen Methoden (unter anderem Gesprächsanalysen – Kap. 7 und 11) öffnet sich die Metaphernanalyse für die Mikroanalyse und die kommunikative Bedeutung von Metaphern.
- Der Konzeptbegriff der kognitiven Metapherntheorie ist anschlussfähig an verschiedene sozialwissenschaftliche Begriffe wie beispielsweise den des Deutungsmusters (Kap. 4), des Habitus, des Diskurses und anderer (Schmitt 2017a, S. 117–190).

12.3   Metaphernanalyse und der „Markt" der qualitativen Forschung

Reichertz (2009) hat einmal die Entwicklung der qualitativen Forschung unter der Perspektive der Metaphern des Markts und der Konjunkturen dekliniert. Das ist eine zunächst desillusionierend wirkende Bildlichkeit, die aber den Blick dafür öffnet, dass auch Forschungsmethoden der Ökonomie der Aufmerksamkeit unterliegen und damit Chancen haben, wahrgenommen, diskutiert, genutzt und weiter entwickelt zu werden (oder auch nicht). Freilich scheinen Märkte wenig vorhersehbar – so jedenfalls im Quellbereich dieser Metaphorik. Die folgenden Überlegungen skizzieren mögliche Entwicklungslinien der Metaphernanalyse.

Heterogene soziale Orte der Metaphern- und Methodendiskussion
Die Metaphernanalyse ist nicht einer einzigen Disziplin zuzurechnen, sondern mehreren, in denen sie an ganz unterschiedlichen Positionen zu finden ist: Auf dem größten deutschsprachigen Treffen zur qualitativen Forschung, dem „Berliner Methodentreffen", ist die Methode seit dem Beginn in jedem Jahr mit einer Veranstaltung präsent, auch auf weiteren Angeboten des dahinter stehenden Instituts für qualitative Forschung. In der Soziologie war bisher der Arbeitskreis „Soziale Metaphorik" der Sektion Wissenssoziologie der DGS (Matthias Junge, Universität Rostock) ein Forum, das insgesamt auf eine weitere Diskussion zielt und keinen bestimmten Metaphernbegriff präferiert. Die Psychologie ist nur durch die klinische Psychologie vertreten, in der Psychoanalyse (Buchholz 2009), den systemischen Ansätzen (Fischer 2005; Levold 2014) und der Verhaltenstherapie (Heidenreich und Schmitt 2014) finden sich Bezüge auf Lakoff und Johnson. Die Methode der qualitativen Metaphernanalyse steht hier nicht im Vordergrund, eher Überlegungen für die therapeutische face-to-face-Beziehung. In der Politologie ist aus der Ferne kein hotspot erkennbar, doch werden immer wieder metaphernanalytische Arbeiten publiziert, vor allem auch in der englischsprachigen Welt (Ahrens 2009). In der Erziehungswissenschaft ist in der Didaktik der Naturwissenschaften, vertreten durch Gropengießer (2008) und Doktorand/innen, ein Ort des Bezugs auf Lakoff und Johnson und damit assoziierte Methoden der Analyse. Alle diese Arbeiten und Kontexte sind innerhalb ihrer Disziplinen in unterschiedlicher Entfernung zu den jeweiligen Zentren angesiedelt – wobei die Metapher vom „Zentrum" eine Eindeutigkeit suggeriert, die empirisch nicht einzulösen sein dürfte.

Herausforderungen

Es sind drei Herausforderungen, die sich bei der weiteren Verbreitung und Etablierung der Metaphernanalyse stellen:

- Einarbeitungsaufwand: Ein solches Einführungsbuch kann den Einarbeitungsaufwand in die kognitive Metapherntheorie zunächst reduzieren und ist für BA- und MA-Abschlussarbeiten ausreichend. Für differenzierte Arbeiten (Dissertationen) ist eine Beschäftigung mit der Originalliteratur auch außerhalb des ersten Buchs von 1980 unerlässlich. Das erhöht den Aufwand gegenüber einfacher erscheinenden qualitativen Auswertungsmethoden – aber auch diese verdienten es, besser verstanden zu werden.
- Missverständnisse: Der bisherigen Rezeption steht mitunter die unglückliche Selbstetikettierung der „kognitiven" Linguistik entgegen – das auf individuelle Kognitionen verengte Verständnis in den Sozialwissenschaften fördert ein Missverständnis, denn der Kognitionsbegriff von Lakoff und Johnson umfasst sowohl kulturelle wie nicht bewusstseinsfähige Muster.
- Interdisziplinarität: Für alle Sozialwissenschaften bedeutet die Beschäftigung mit einer linguistischen Theorie ein Verlassen sicherer disziplinärer Diskursordnungen. Interdisziplinarität bedeutet ein Mehr an Arbeit, eine Verunsicherung der bestehenden Gemeinschaften und führt möglicherweise zu der Erfahrung, „zwischen den Stühlen zu sitzen".

Ressourcen für die weitere Verbreitung

Für die Metaphernanalyse spricht, dass es doch inzwischen sehr viele Vorarbeiten in verschiedenen Disziplinen gibt, vor allem, aber nicht nur, im englischsprachigen Raum (Schmitt 2017, S. 191–476). Im akademischen Konkurrenzkampf (oder, weniger nüchtern: in der Entwicklung der Wissenschaften) ermöglicht sie es neue Sichtweisen auf Phänomene zu entwickeln oder etablierten Perspektiven neue hinzuzufügen, gerade weil sie noch kein kanonisiertes Werkzeug ist.

12.4 Offene Horizonte der Methodenentwicklung

Wie für alle qualitativen Verfahren gilt auch für die Metaphernanlyse, dass Weiterentwicklungen der Methode nicht nur denkbar sind, sondern auch gewinnbringend erscheinen, auch wenn die Richtung solcher Veränderungen vorerst nur vage einzuschätzen ist. Einige mögliche Horizonte der Weiterentwicklung wollen wir vorstellen:

Große Textbestände

Nach wie vor ungelöst ist die Fragen nach der Analyse großer Text-Korpora. Massen erwähnt in ihrer Einführung in die Wissenssoziologie explizit die Metaphernanalyse als Methode (2009, S. 70–74) und verbindet quantitative und qualitative Herangehensweisen. Problematisch erscheint, dass die quantitativen Analysen der qualitativen vorausgehen und damit vorbestimmen, was es zu verstehen gäbe. Alternative Ansätze sind derzeit nicht bekannt.

Gestik und Handlung

Der vorgelegte Entwurf ist in erster Linie auf die Analyse von Texten ausgelegt. Jedoch sind auch Gesten und Handlungen einer kognitiv-linguistischen Analyse zugänglich. Diesbezügliche Versuche (Schmidt 2007; Cienki und Müller 2008) sind von sozialwissenschaftlicher Seite noch nicht integriert worden. Ansätze dazu finden sich im Kap. 8 in den Anmerkungen zu redebegleitenden Gesten und zur metaphernanalytischen Interpretation komplexer Praxen im Kap. 11.

Visuelles Material

Die Integration von Bildmaterial (Comics, Videos, Fotografien) ist ebenso bereits von Forceville (2008) in einem rein kognitiv-linguistischen Rahmen vorgestellt worden, auch hier bedarf es der Reinterpretation und Rekonstruktion des Ansatzes in einem sozialwissenschaftlichen Rahmen.

Artefakte

Die Integration von Artefakten in den Interpretationsgang ist in bisherigen Studien im Rahmen von Fallbeispielen vorgeführt, aber ebenfalls noch nicht systematisch reflektiert (Hroch 2005: Fotografien; Nürnberg 2010: materielle Entlohnung mit statusrelevanten Gegenständen; Stadelbacher 2014: ethnografische Beobachtung in Hospizen). Das Verstehen von Artefakten als Dokumenten fremden Sinns mithilfe der kognitiven Metapherntheorie ist, wie auch archäologische Arbeiten zeigen (Tilley 1999; Williams 2003), wohl die absehbar schwierigste methodische Herausforderung einer systematischen Metaphernanalyse.

12.5 Praktische Hinweise

Zuletzt sollen ein paar praktische Hinweise für Einsteiger/innen, sowohl Studierende, als auch Forschende und Dozent/innen gegeben werden.

Die Metaphernanalyse ist im Reigen der qualitativen Methoden der Sozialforschung eine relativ neue Methode. Für Dozent/innen ist daher zu beachten, dass ihre Studierenden mit dieser Methode in der allgemeinen Methodenvorlesung oder in Methodenseminaren in der Regel noch nicht in Berührung gekommen sein dürften. Aus unseren Erfahrungen in der Lehre haben wir (dennoch?) stets die Erfahrung gemacht, dass sich die Metaphernanalyse sowohl – eingebettet in den Kontext der Methodenausbildung in der Soziologie – als eigenständiges Seminarthema, als auch als Methode in Forschungsseminaren oder als empirische Ergänzung im Rahmen von thematischen oder Theorie-Seminaren eignet. Die Neuheit der Methode sehen wir dabei auch als Vorteil: Die Studierenden sind in der Regel offen für den für sie neuen spezifischen Zugang zur Alltagssprache und machen die Erfahrung, wie eine Methode den eigenen Blick schärfen und empirische Phänomene systematisch aufschlüsseln kann. Schon zwei Sitzungen, in welcher die Methode theoretisch gelernt und praktisch geübt wird, waren bisher für viele unserer Seminare eine Bereicherung, da die Studierenden hier selbst forschend tätig werden konnten – inklusive zahlreicher begeisternder Aha-Erlebnisse für Dozierende und Studierende.

Für alle Einsteiger/innen gilt die Empfehlung, sich nicht nur die Methode selbst anzueignen, sondern sich in bereits vorliegende Studien die konkrete Umsetzung und Darstellung von Metaphernanalysen anzusehen. Als Beispiele sind in Schmitt 2017a im vierten Kapitel (S. 192–437) von der Soziologie über die Erziehungswissenschaften bis zu Politologie, von der Sozialen Arbeit über die Gesundheitswissenschaften bis zur Psychologie neben einem Exkurs zur Metaphorik des Geschlechts gelungene und weniger gelungene Arbeiten diskutiert. Wenn Sie eine empirische Abschluss- oder auch (nur) eine Seminararbeit schreiben, lohnt es sich zudem, sich mit „Gleichgesinnten" zusammenzuschließen und in der Gruppe Zwischenergebnisse zu besprechen. Zwar erfordert die Metaphernanalyse – anders als bspw. die Sequenzanalyse – nicht die gemeinsame Interpretation in der Gruppe, doch ist die Arbeit in der Gruppe ein nicht zu unterschätzender Gewinn: Eigene Interpretationen können so auf ihre Plausibilität geprüft werden und das gemeinsame Interpretieren am Material kann helfen, eigene blinde Flecken aufzudecken und so einen Bias in der Analyse zu vermeiden.

Schließlich finden immer wieder auch außerhalb der Lehr-Curricula Seminare zur Metaphernanalyse statt, die von Einsteiger/innen besucht werden können, um die Methode praktisch zu erlernen. Beispielsweise wird auf den Berliner Methodentreffen (http://www.qualitative-forschung.de/methodentreffen) bisher jedes Jahr ein Workshop angeboten, der Forschenden und Studierenden offensteht. Aktuelle Informationen – auch zu anderen Workshops der qualitativen Forschung – werden regelmäßig über den newsletter der FQS (http://www.qualitative-forschung.de/mailingliste) versandt. Aktuelle Metaphern-Workshops finden

Sie auch auf der Homepage von Rudolf Schmitt (https://f-s.hszg.de/personen/rudolf-schmitt/forschung). Zudem existiert ein Internet-Forum zur systematischen Metaphernanalyse (Anmeldung unter http://de.groups.yahoo.com/group/Metaphernanalyse), das regelmäßig über alle Aktivitäten rund um die Metaphernanalyse informiert (Neuerscheinungen, Tagungen, CfPs etc.). Zuletzt lohnt sich ein regelmäßiger Blick in die bereits existierenden Zeitschriften, die sich der Metapher und der Metaphernanalyse widmen – z. B.: „Metaphor and the Social World" (https://benjamins.com/#catalog/journals/msw/main) und „metaphorik.de" (http://www.metaphorik.de/).

Aufgabe
Fangen Sie an!

Literatur

Ahrens, Kathleen (Hrsg.) (2009). *Politics, gender and conceptual metaphors.* Houndsmill/ Basingstoke: Palgrave Macmillan.

Aita, Virginia; McIlvain, Helen; Susman, Jeffrey; Crabtree, Benjamin (2003). Using metaphor as a qualitative analytic approach to understand complexity in primary care research. *Qualitative Health Research*, 13, 1419–1431.

Angus, Lynne E. (1996). An intensive analysis of metaphor themes in psychotherapy. In: Jeffery S. Mio, Albert N. Katz (Hrsg.), *Metaphor: Implications and applications* (S. 73–84). Mahwah, NJ: Lawrence Erlbaum Associates.

Angus, Lynne E.; Korman, Yifaht (2002). Conflict, coherence, and change in brief psychotherapy: A metaphor theme analysis. In: Susan R. Fussell (Hrsg.), *The verbal communication of emotions: interdisciplinary perspectives* (S. 151–166). Mahwah, NJ: Lawrence Erlbaum Associates.

Baldauf, Christa (1997). *Metapher und Kognition. Grundlagen einer neuen Theorie der Alltagsmetapher.* Frankfurt am Main: Lang.

Barkfelt, Judith (2009). *Bilder aus der Depression. Metaphorische Episoden über depressive Episoden* (2. Auflage). Konstanz: Hartung-Gorre.

Beer, Francis A.; Landtsheer, Christ'l de (2004). Introduction. Metaphors, politics, and world politics. In: Francis A. Beer, Christ'l de Landtsheer (Hrsg.), *Metaphorical world politics* (S. 5–54). East Lansing: Michigan State University Press.

Berger, Peter L.; Luckmann, Thomas (2003). *Die gesellschaftliche Konstruktion der Wirklichkeit. Eine Theorie der Wissenssoziologie* (19. Aufl., original: 1966). Frankfurt am Main: Fischer.

Bergmann, Jörg R. (2012). Konversationsanalyse. In: Uwe Flick, Ernst von Kardorff und Ines Steinke (Hrsg.), *Qualitative Forschung. Ein Handbuch* (9. Auflage, S. 524–537). Hamburg: Rowohlt.

Berlin, Richard M.; Olson, Mary E.; Cano, Carlos E.; Engel, Susan (1991). Metaphor and psychotherapy. *American Journal of Psychotherapy*, XLV, 359–367.

Bertau, Marie-Cécile (1996). *Sprachspiel Metapher. Denkweisen und kommunikative Funktion einer rhetorischen Figur.* Opladen: Westdeutscher Verlag.

Berthele, Raphael (2008). A nation is a territory with one culture and one language: The role of metaphorical models in language policy debates. In: Gitte Kristiansen, René

Dirven (Hrsg.), *Cognitive sociolinguistics. Language variation, cultural models, social systems* (S. 301–331). Berlin: Mouton de Gruyter.

Black, Max (1983). Die Metapher (Orig. 1954). In: Anselm Haverkamp (Hrsg.), *Theorie der Metapher* (S. 55–79). Darmstadt: Wissenschaftliche Buchgesellschaft.

Black, Max (1983b). Mehr über die Metapher (Orig. 1977). In: Anselm Haverkamp (Hrsg.), *Theorie der Metapher* (S. 379–413). Darmstadt: Wissenschaftliche Buchgesellschaft.

Blumenberg, Hans (1960). Paradigmen zu einer Metaphorologie. *Archiv für Begriffsgeschichte*, 6, 7–142.

Blumenberg, Hans (1971). Beobachtungen an Metaphern. *Archiv für Begriffsgeschichte*, 15, 161–214.

Blumenberg, Hans (2007). *Theorie der Unbegrifflichkeit. Aus dem Nachlaß herausgegeben von Anselm Haverkamp*. Frankfurt am Main: Suhrkamp.

Bock von Wülfingen, Bettina (2007). *Genetisierung der Zeugung. Eine Diskurs- und Metaphernanalyse reproduktionsgenetischer Zukünfte*. Bielefeld: transcript.

Bohnsack, Ralf (2005). Standards nicht standardisierter Forschung in den Erziehungs- und Sozialwissenschaften. *Zeitschrift für Erziehungswissenschaft*, 8, (4), 63–81.

Bohnsack, Ralf (2010). *Rekonstruktive Sozialforschung. Einführung in qualitative Methoden* (8. Auflage). Opladen: Leske + Budrich.

Bohnsack, Ralf (2011). Fokussierungsmetapher. In: Ralf Bohnsack, Winfried Marotzki, Michael Meuser (Hrsg.), *Hauptbegriffe qualitativer Sozialforschung* (S. 67). Opladen: Budrich.

Bourdieu, Pierre (2005). *Die männliche Herrschaft*. Frankfurt am Main: Suhrkamp.

Breuer, Katrin (1998). *Subjektive Sichtweisen der Rolle des Alkohols bei der Lebensgestaltung*. Unveröffentlichte Diplomarbeit im Studiengang Sozialarbeit / Sozialpädagogik am Fachbereich Sozialwesen der Hochschule Zittau/Görlitz (FH).

Bruner, Jerome (1997). *Sinn, Kultur und Ich-Identität. Zur Kulturpsychologie des Sinns*. Heidelberg: Auer. (orig.: Acts of Meaning, 1990, Cambridge MA: Harvard University Press).

Buchholz, Michael B. (1996). *Metaphern der Kur. Eine qualitative Studie zum psychotherapeutischen Prozess*. Opladen: Westdeutscher Verlag.

Buchholz, Michael B. (1997). *Metapher und Therapie* (Sammelrezension). In: System Familie, 10. Jg., 51–54.

Buchholz, Michael B. (2003). *Metaphern der Kur. Eine qualitative Studie zum psychotherapeutischen Prozeß*. Gießen: Psychosozial Verlag.

Buchholz, Michael B. (2009). Ein psychologischer Beitrag zu einer interaktiven Metapherntheorie. In: Matthias Junge. *Metaphern in Wissenskulturen* (S. 223–248). Wiesbaden: VS.

Buchholz, Michael B.; Lamott, Franziska; Mörtl, Kathrin (2008). *Tat-Sachen. Narrative von Straftätern*. Gießen: Psychosozial.

Buchholz, Michael B.; Kleist, Cornelia von (1995). Metaphernanalyse eines Therapiegespräches. In: Michael B. Buchholz (Hrsg.), *Psychotherapeutische Interaktion. Qualitative Studien zu Konversation und Metapher, Geste und Plan* (S. 93–126). Opladen: Westdeutscher Verlag.

Buchholz, Michael B.; von Kleist, Cornelia (1997). *Szenarien des Kontaktes. Eine metaphernanalytische Untersuchung stationärer Psychotherapie*. Gießen: Psychosozial Verlag.

Bühler, Karl (1934). *Sprachtheorie. Die Darstellungsfunktion der Sprache*. Jena: Fischer.

Bundesministerium für Familie, Senioren, Frauen und Jugend (BMFSFJ). (2010). *Sechster Bericht zur Lage der älteren Generation in der Bundesrepublik Deutschland. Altersbilder in der Gesellschaft* [Verfügbar unter https://www.bmfsfj.de/blob/101922/b6e54a742b2e84808af68b8947d10ad4/sechster-altenbericht-data.pdf].

Cameron, Lynne (2007). Patterns of metaphor use in reconciliation talk. *Discourse & Society*, 18(2), 197–222.

Cameron, Lynne; Deignan, Alice (2006). The emergence of metaphor in discourse. *Applied Linguistics*, 27(4), 671–690.

Cameron, Lynne; Low, Graham (1999). Metaphor. *Language Teaching*, 32(2), 77–96.

Cameron, Lynne; Maslen, Robert; Low, Graham (2010). Finding systematicity in metaphor use. In: Lynne Cameron, Robert Maslen (Hrsg.), *Metaphor Analysis: Research Practice in Applied Linguistics, Social Sciences and the Humanities* (S. 116–146). London: Equinox.

Charteris-Black, Jonathan (2004). *Corpus approaches to critical metaphor analysis.* Houndmills: Palgrave Macmillan.

Cienki, Alan; Müller, Cornelia (2008). Metaphor, gesture, and thought. In: Raymond W. Gibbs, Jr. (Hrsg.), *The Cambridge Handbook of Metaphor and Thought* (S. 483–501). Cambridge: Cambridge University Press.

Colston, Herbert L.; Kuiper, Melissa S. (2002). Figurative language development research and popular children's literature: Why we should know, „where the wild things are". *Metaphor and Symbol*, 17(1), 27–43.

Corbin, Juliet (2011). Grounded Theory. In: Ralf Bohnsack, Winfried Marotzki, Michael Meuser (Hrsg.), *Hauptbegriffe qualitativer Sozialforschung* (3. Auflage, S. 70–75). Opladen: Budrich.

Debatin, Bernhard (1995). *Die Rationalität der Metapher. Eine sprachphilosophische und kommunikationstheoretische Untersuchung.* Berlin: Walter de Gruyter.

Debatin, Bernhard (2005). Rationalität und Irrationalität der Metapher. In: Hans Rudi Fischer (Hrsg.), *Eine Rose ist eine Rose … Zur Rolle und Funktion von Metaphern in Wissenschaft und Therapie* (S. 30–47). Weilerswist: Velbrück.

Deetz, Stanley A. (1986). Metaphors and the discursive production and reproduction of organization. In: L. Thayer (Hrsg.), *Organization – communication: Emerging perspectives* 1 (S. 168–182). Norwood: NJ. Ablex Publ.

Deignan, Alice (2010). The cognitive view of metaphor. In: Lynne Cameron, Robert Maslen (Hrsg.), *Metaphor analysis: research practice in applied linguistics, social sciences and the humanities* (S. 44–56). London: Equinox.

Deppermann, Arnulf (2008). *Gespräche analysieren. Eine Einführung.* Wiesbaden: VS.

Devereux, Georges (1984). *Angst und Methode in den Verhaltenswissenschaften.* Frankfurt am Main: Suhrkamp.

Dirven, Renè; Pörings, Ralf (Hrsg.) (2002). *Metaphor and metonymy in comparison and contrast.* Berlin: Mouton de Gruyter.

Döring, Martin (2005). *„Wir sind der Deich": Zur metaphorisch-diskursiven Konstruktion von Natur und Nation.* Hamburg: Dr. Kovač.

Eisikovits, Zvi; Buchbinder, Eli (1997). Talking violent. A phenomenological study of metaphors battering men use. *Violence Against Women*, 3(5), 482–498.

Eisikovits, Zvi; Buchbinder, Eli (1999). Talking control: Metaphors used by battered women. *Violence Against Women*, 5(8), 845–868.

Engel, Frank; Nestmann, Frank; Sickendiek, Ursula (2004). Beratung – Ein Selbstverständnis in Bewegung. In: Frank Engel, Frank Nestmann, Ursula Sickendiek (Hrsg.) *Das Handbuch der Beratung. Band 1. Disziplinen und Zugänge*. Tübingen: Dgvt-Verlag, S. 33–44.

Evans, Vyvyan; Green, Melanie (2007). *Cognitive linguistics. An introduction* (Nachdruck der Auflage 2006). Edinburgh: Edinburgh University Press.

Fischer, Hans Rudi (Hrsg.) (2005). *Eine Rose ist eine Rose ... Zur Rolle und Funktion von Metaphern in Wissenschaft und Therapie*. Weilerswist: Velbrück.

Flick, Uwe (2007). *Qualitative Sozialforschung. Eine Einführung* (vollständig überarbeitete und erweiterte Auflage). Hamburg: Rowohlt.

Flick, Uwe (2012). Design und Prozess Qualitativer Forschung. In: Uwe Flick, Ernst von Kardorff, Ines Steinke (Hrsg.), *Qualitative Forschung. Ein Handbuch* (9. Auflage, S. 252–265). Hamburg: Rowohlt.

Flick, Uwe; Kardorff, Ernst von; Steinke, Ines (2012). Was ist qualitative Forschung? Einleitung und Überblick. In: Uwe Flick, Ernst von Kardorff, Ines Steinke (Hrsg.), *Qualitative Forschung. Ein Handbuch* (9. Auflage, S. 13–29). Hamburg: Rowohlt.

Forceville, Charles (2008). Metaphor in pictures and multimodal representations. In: Raymond W. Gibbs, Jr. (Hrsg.), *The Cambridge handbook of metaphor and thought* (S. 462–482). Cambridge: Cambridge University Press.

Gadamer, Hans Georg (1986 [1960]). *Wahrheit und Methode. Grundzüge einer philosophischen Hermeneutik. Gesammelte Werke Band 1*. Tübingen: Mohr.

Galinski, Agathe (2004). *Zweierlei Perspektiven auf Gespräche: Ethnomethodologische Konversationsanalyse und Diskursanalyse im kontrastiven Vergleich*. Essen: Redaktion LINSE.

Geffert, Bruno (2006). *Metaphern von Schule*. Hamburg: Dr. Kovač.

Geideck, Susan; Liebert, Wolf-Andreas (Hrsg.) (2003). *Sinnformeln. Linguistische und soziologische Analysen von Leitbildern, Metaphern und anderen kollektiven Orientierungsmustern*. Berlin: De Gruyter.

Gibbs, Raymond W. Jr. (1997). Taking metaphor out of our heads and putting it into the cultural world. In: Raymond W. Gibbs Jr., Gerard J. Steen (Hrsg.), *Metaphor in cognitiv linguistics. Selected papers from the fifth international cognitive linguistics conference Amsterdam* (S. 145–166). Amsterdam: John Benjamins.

Gibbs, Raymond W. Jr.; Colston, Herbert L. (2006). Image Schema. The cognitive psychological reality of image schemas and their transformations. In: Dirk Geeraerts (Hrsg.), *Cognitive linguistics: Basic readings* (S. 239–268). Berlin: Mouton de Gruyter.

Gigerenzer, Gerd (2007). *Bauchentscheidungen. Die Intelligenz des Unbewussten und die Macht der Intuition*. München: Bertelsmann.

Glaser, Barney G.; Strauss, Anselm. L. (1998 [1967]). *Grounded theory. Strategien qualitativer Forschung*. Bern: Huber. (Original: Glaser, Barney G., Strauss, Anselm. L. (1967). *The discovery of grounded theory*. Strategies for qualitative research. Chicago).

Glinka, Hans-Jürgen (2003). *Das narrative Interview – Eine Einführung für Sozialpädagogen* (2. Auflage). München: Juventa.

Gottfried, Gail M.; Jow, Erin E. (2003). »I just talk with my heart«: The mind-body problem, linguistic input, and the acquisition of folk psychological beliefs. *Cognitive-Development*, 18(1), 79–90.

Grice, Paul H. (1972). Utterer's meaning, sentence-meaning, and word-meaning. In: John R. Searle (Hrsg.), *The Philosophy of Language* (S. 54–70). London: Oxford University Press.

Gropengießer, Harald (2008). *Lebenswelten. Denkwelten. Sprechwelten. Wie man Vorstellungen der Lerner verstehen kann.* Band 4 der Beiträge zur Didaktischen Rekonstruktion (Nachdruck der 2. aktualisierten Auflage 2006). Oldenburg: Didaktisches Zentrum.

Gugutzer, Robert (2002). *Leib, Körper und Identität. Eine phänomenologisch-soziologische Untersuchung zur personalen Identität.* Wiesbaden: Westdeutscher Verlag.

Habermas, Jürgen (1967). Logik der Sozialwissenschaften. *Philosophische Rundschau,* Heft Februar 1967. Tübingen: Mohr.

Habermas, Jürgen (1968). *Erkenntnis und Interesse.* Frankfurt am Main: Suhrkamp.

Habermas, Jürgen (1970). Der Universalitätsanspruch der Hermeneutik. In: Rüdiger Bubner, Konrad Cramer, Reiner Wiehl (Hrsg.), *Hermeneutik und Dialektik I* (S. 73–103). Tübingen: Mohr.

Hagemann, Jörg (2017). Metapher und Metonymie. In: Staffeldt, Sven/Hagemann, Jörg (Hrsg.). *Semantiktheorien. Lexikalische Analysen im Vergleich,* (S. 231–262). Tübingen: Stauffenburg.

Heidenreich, Thomas; Schmitt, Rudolf (Hrsg.) (2014): Schwerpunkt: Metaphern. In: *Verhaltenstherapie und psychosoziale Praxis,* Heft 4/2014.

Heider, Fritz (1958). *The psychology of interpersonal relations.* New York: Wiley (deutsche Übersetzung 1977: Psychologie der interpersonalen Beziehungen. Stuttgart: Klett).

Hesse, Mary (1995). Models, metaphors and truth. In: Zdravko Radman (Hrsg.), *From a metaphorical point of view. A multidisciplinary approach to the cognitive content of metaphor* (S. 351–372). Berlin: de Gruyter.

Hitzler, Ronald (2002). Sinnrekonstruktion. Zum Stand der Diskussion (in) der deutschsprachigen interpretativen Soziologie [35 Absätze]. *Forum Qualitative Sozialforschung/ Forum: Qualitative Social Research,* 3(2), Art. 7, Download: http://nbn-resolving.de/ urn:nbn:de:0114-fqs020276 [12.04.2014].

Holzer, Alexandra (2001). *'Anders als normal'. Illegale Drogen als Medium der biographischen und psychosozialen Entwicklung junger Frauen.* Münchner Studien zur Kultur- und Sozialpsychologie Bd.12, Herbolzheim: Centaurus.

Horsdal, Marianne (2013). *Leben erzählen – Leben verstehen. Dimensionen der Biografieforschung und Narrativer Interviews für die Erwachsenenbildung.* Bielefeld: W. Bertelsmann Verlag. Download: http://www.die-bonn.de/doks/2013-biografieforschung-01.pdf [22.06.2013].

Hroch, Nicole (2005). *Metaphern des Umweltmanagements.* Marburg: Tectum.

Jäkel, Olaf (1997a). Kant, Blumenberg, Weinrich. Some forgotten contributions to the cognitive theory of metaphor. In: Raymond W. Gibbs Jr., Gerard J. Steen (Hrsg.), *Metaphor in cognitive linguistics. Selected papers from the fifth International Cognitive Linguistics Conference, Amsterdam, July 1997* (S. 9–27). Amsterdam: John Benjamins.

Jäkel, Olaf (1997b). *Metaphern in abstrakten Diskurs-Domänen* (Duisburger Arbeiten zur Sprach- und Kulturwissenschaft. Band 30). Frankfurt am Main: Lang.

Jäkel, Olaf (2002). Hypotheses revisited: The cognitive theory of metaphor applied to religious texts. *metaphorik.de,* 2, 20–42. Download: http://www.metaphorik.de/de/journal/02/hypotheses-revisited-cognitive-theory-metaphor-applied-religious-texts.html [2.9.2011].

Jäkel, Olaf (2003a). Die Geschichte der Konzeptualisierung von Wissenschaft als Entwicklungsgeschichte eines metaphorischen Szenarios. In: Susan Geideck, Wolf-Andreas Liebert (Hrsg.), *Sinnformeln. Linguistische und soziologische Analysen von Leitbildern, Metaphern und anderen kollektiven Orientierungsmustern* (S. 323–342). Berlin: de Gruyter.

Jäkel, Olaf (2003b). *Wie Metaphern Wissen schaffen. Die kognitive Metapherntheorie und ihre Anwendung in Modell-Analysen der Diskursbereiche Geistestätigkeit, Wirtschaft, Wissenschaft und Religion.* Hamburg: Dr. Kovač.

Johnson, Mark (1987). *The body in the mind. The bodily basis of meaning, imagination, and reason.* Chicago: The University of Chicago Press.

Karl, Ute (2006). Metaphern als Spuren von Diskursen in biographischen Texten [56 Absätze]. *Forum Qualitative Sozialforschung/Forum: Qualitative Social Research,* 8(1), Art. 3. Download: http://nbnresolving.de/urn:nbn:de:0114-fqs070139 [12.04.2014].

Kelle, Udo; Kluge, Susann (1999). *Vom Einzelfall zum Typus. Fallvergleich und Fallkontrastierung in der qualitativen Sozialforschung.* Opladen: Leske + Budrich.

Klein, Josef (2003). Universität als Unternehmen. In: Susan Geideck, Wolf-Andreas Liebert (Hrsg.), *Sinnformeln. Linguistische und soziologische Analysen von Leitbildern, Metaphern und anderen kollektiven Orientierungsmustern* (S. 119–124). Berlin: de Gruyter.

Kleining, Gerhard (1995). *Lehrbuch Entdeckende Sozialforschung. Band 1. Von der Hermeneutik zur qualitativen Heuristik.* Weinheim: Beltz.

Koch, Susan; Deetz, Stanley (1981). Metaphor analysis of social reality in organizations. *Journal of Applied Communication Research,* 9, 1–15.

Kochis, Bruce; Gillespie, Diane (2006). Conceptual metaphors as interpretive tools in qualitative research: A re-examination of college students' diversity discussions. *The Qualitative Report,* 11(3), 566–585, Download: http://www.nova.edu/ssss/QR/QR11-3/kochis.pdf [15.04.2014].

Koller, Veronika (2005). Critical discourse analysis and social cognition: Evidence from business media discourse. *Discourse & Society,* 16(2), 199–224.

Kronberger, Nicole (1999). Schwarzes Loch und Dornröschenschlaf – eine Metaphernanalyse von Alltagsvorstellungen der Depression. *Psychotherapie und Sozialwissenschaft,* 1(2), 85–104.

Kruse, Jan; Biesel, Kay; Schmieder, Christian (2011). *Metaphernanalyse. Ein rekonstruktiver Ansatz.* Wiesbaden: VS.

Künemund, Harald. (2005). Altersgrenzen aus der Sicht der Soziologie. In Volker Schumpelick, Bernhard Vogel (Hrsg.), *Alter als Last und Chance* (527–538). Freiburg im Breisgau: Herder.

Lakoff, George (1987). *Women, fire and dangerous things. What categories reveal about the mind.* Chicago: The University of Chicago Press.

Lakoff, George (2002). *Moral politics. How liberals and conservatives think* (2. Auflage). Chicago: University of Chicago Press.

Lakoff, George (2008). The neural theory of metaphor. In: Raymond W. Gibbs, Jr. (Hrsg.), *The cambridge handbook of metaphor and thought* (S. 17–38). Cambridge: Cambridge University Press.

Lakoff, George; Johnson, Mark (1980). *Metaphors we live by.* Chicago: The University of Chicago Press.

Lakoff, George; Johnson, Mark (2018). *Leben in Metaphern* (9. Auflage). Heidelberg: Carl-Auer-Systeme. [Orig.: Lakoff, George; Johnson, Mark (1980). Metaphors we live by. Chicago: The University of Chicago Press].

Lakoff, George; Johnson, Mark (1999). *Philosophy in the flesh: The embodied mind and its challenge to western thought.* New York: Basic Books.

Lakoff, George; Johnson, Mark (2003). Afterword. In: George Lakoff, Mark Johnson (2003): *Metaphors we live by* (S. 243–276). Chicago: University of Chicago Press.

Lamnek, Siegfried (2005). *Qualitative Sozialforschung* (4., überarbeitete Auflage). Weinheim: Beltz.

Laubenthal, Klaus (2001). *Lexikon der Knastsprache. Von Affenkotelett bis Zweidrittelgeier.* Berlin: Lexikon Imprint Verlag.

Lawley, James; Tompkins, Penny (2000). *Metaphors in Mind. Transforming Through Symbolic Modelling.* London: The Developing Company Press.

Laz, Cheryl (1998). Act Your Age. *Sociological Forum* 13(1), 85–113.

Levold, Tom (2014). „Welches Problem führt Sie zu mir?" Über die metaphorische Struktur von Problembeschreibungen. In: *psychosozial*, 37(137 III), 51–64.

Liebert, Wolf-Andreas (2003). *Metaphern in der kognitiven Linguistik. Möglichkeiten und Grenzen für die Therapie. Familiendynamik. Themenheft „Sprache und Metaphern",* 28(1), S. 47–63.

Lorenzer, Alfred (1970). *Kritik des psychoanalytischen Symbolbegriffes.* Frankfurt am Main: Suhrkamp.

Lorenzer, Alfred (1976). *Die Wahrheit der psychoanalytischen Erkenntnis. Ein historisch-materialistischer Entwurf.* Frankfurt am Main: Suhrkamp.

Lorenzer, Alfred (Hrsg.) (1986). *Kulturanalysen. Psychoanalytische Studien zur Kultur.* Frankfurt am Main: Fischer.

Low, Graham (2008). Metaphor and positioning in academic book reviews. In: Mara Sophia Zanotto, Lynne Cameron, Marilda C. Cavalcanti (Hrsg.), *Confronting metaphor in use. An applied linguistic approach* (S. 79–100). Amsterdam: John Benjamin.

Lüders, Christian (2011). Gütekriterien. In: Ralf Bohnsack, Winfried Marotzki, Michael Meuser (Hrsg.), *Hauptbegriffe qualitativer Sozialforschung* (3. Auflage, S. 80–82). Opladen: Budrich.

Lüders, Christian; Meuser, Michael (1997). Deutungsmusteranalyse. In: Ronald Hitzler, Anne Honer (Hrsg.), *Sozialwissenschaftliche Hermeneutik* (S. 57–80). Opladen: Leske + Budrich.

Maasen, Sabine; Weingart, Peter (2000). *Metaphors and the dynamics of knowledge.* London/New York: Routledge.

Mannheim, Karl (2005). *Ideologie und Utopie* (7. Auflage). Frankfurt am Main: Klostermann (Original: Bonn 1929).

Marquard, Odo (1984). Frage nach der Frage, auf die die Hermeneutik eine Antwort ist. In: Odo Marquard: *Abschied vom Prinzipiellen* (S. 117–146). Stuttgart: Reclam.

Mayring, Philipp (2007a). Generalisierung in qualitativer Forschung. *Forum Qualitative Sozialforschung / Forum: Qualitative Social Research*, 8(3). Download: http://nbnresolving.de/urn:nbn:de:0114-fqs0703262 [12.04.2014].

Mayring, Philipp (2007b). Über „gute" und „schlechte" qualitative Sozialforschung. *Erwägen Wissen Ethik*, 18(2), 251–253.

McMullen, Linda M. (2008). Putting It in Context. Metaphor and Psychotherapy. In: Gibbs, R. W. (Hrsg.). *The Cambridge Handbook of Metaphor and Thought* (S. 397–411). New York: Cambridge University Press.

Merkens, Hans (2012). Auswahlverfahren, Sampling, Fallkonstruktion. In: Uwe Flick, Ernst von Kardorff, Ines Steinke (Hrsg.), *Qualitative Forschung. Ein Handbuch* (9. Auflage, S. 286–298). Hamburg: Rowohlt.

Meuser, Michael (2011). Deutungsmusteranalyse. In: Ralf Bohnsack, Winfried Marotzki, Michael Meuser (Hrsg.), *Hauptbegriffe qualitativer Sozialforschung* (3. Auflage, S. 31–33). Opladen: Budrich.

Moser, Karin S. (2000). *Metaphern des Selbst. Wie Sprache, Umwelt und Selbstkognition zusammenhängen*. Lengerich: Pabst.

Najavits, Lisa M. (1993). How do psychotherapists describe their work? A study of metaphors for the therapy process. *Psychotherapy Research*, 3(4), 294–299.

Nerlich, Brigitte (2007). Rezension: Zoltan Kövecses (2006). Language, mind and culture: A practical introduction, Oxford: Oxford University Press. *metaphorik.de*, 12, http://www.metaphorik.de/de/journal/12/zoltan-koevecses-2006-language-mind-and-culture-practical-introduction-oxford-oxford-university.html [18.01.2014].

Nerlich, Brigitte; Clarke David D. (2001). Mind, meaning and metaphor: The philosophy and psychology of metaphor in 19th-century Germany. *History of the Human Sciences*, 14(2), 39–61.

Niebert, Kai (2010). *Den Klimawandel verstehen – Eine didaktische Rekonstruktion der globalen Erwärmung*. Oldenburg: Didaktisches Zentrum.

Niedermair, Klaus (2001). Metaphernanalyse. In: Hug, Theo (Hrsg.). *Wie kommt Wissenschaft zu Wissen? Band 2: Einführung in die Forschungsmethodik und Forschungspraxis* (S. 144–165). Baltmannsweiler: Schneider Verlag Hohengehren.

Nieraad, Jürgen (1977). *Bildgesegnet und bildverflucht. Forschungen zur sprachlichen Metaphorik*. Darmstadt: Wissenschaftliche Buchgesellschaft.

Nieraad, Jürgen (1980). Kommunikation in Bildern. *Diskussion Deutsch*, 11(52), 146–163.

Nürnberg, Carola (2010). *Making sense of the organisation – being new and the use of metaphors among trainee investment bankers. A thesis submitted to the Institute of Social Psychology for the degree of Doctor of Philosophy, London School of Economics and Political Science (University of London)*. EThOS (Electronic Theses Online Service). Download: http://ethos.bl.uk/OrderDetails.do?did=1&uin=uk.bl.ethos.518773 [19.08.2012].

Oberlechner, Thomas; Slunecko, Thomas, Kronberger, Nicole (2004). Surfing the money tides: Understanding the foreign exchange market through metaphors. *British Journal of Social Psychology*, 43, 133–156.

Oevermann, Ulrich (2001a). Zur Analyse der Struktur von sozialen Deutungsmustern. *sozialer sinn*, 1, 3–33. (Orig. 1973).

Oevermann, Ulrich (2001b). Die Struktur sozialer Deutungsmuster – Versuch einer Aktualisierung. *sozialer sinn*, 1, S. 35–82.

Oevermann, Ulrich; Allert, Tilman; Konau, Elisabeth; Krambeck, Jürgen (1979). Die Methodologie einer „objektiven Hermeneutik" und ihre allgemeine forschungslogische Bedeutung in den Sozialwissenschaften. In: Hans Georg Soeffner (Hrsg.), *Interpretative Verfahren in den Sozial- und Textwissenschaften* (S. 352–434). Stuttgart: Metzler.

Pannewitz, Anja (2012). *Das Geschlecht der Führung. Supervisorische Interaktion zwischen Tradition und Transformation.* Göttingen: Vandenhoeck und Ruprecht.

Peirce, Charles S. (2004). Aus den Pragmatismus-Vorlesungen. In: Jörg Strübing, Bernt Schnettler (Hrsg.), *Methodologie interpretativer Sozialforschung. Klassische Grundlagentexte* (S. 201–222). Konstanz: UVK.

Pepper, Stephen C. (1942). *World hypotheses: A study in evidence.* Berkeley: University of California Press.

Pfaller, Larissa; Schweda, Mark (2017). „Successful Aging" und gutes Altern. Zur Reflexion gerontologischer Leitbilder. *Angewandte GERONTOLOGIE Appliquée,* 17(3), 20–21.

Plaß, Christine; Schetsche, Michael (2001). Grundzüge einer wissenssoziologischen Theorie sozialer Deutungsmuster. *sozialer sinn,* 3/2001, 511–536.

Pragglejaz Group (2007). MIP: A method for identifying metaphorically used words in discourse. *Metaphor and Symbol,* 22(1), 1–39.

Rees, Charlotte E.; Knight, Lynn V. and Cleland, Jennifer A. (2009). Medical educators' metaphoric talk about their assessment relationship with students: "You don't want to sort of be the one who sticks the knife in them". *Assessment & Evaluation in Higher Education,* 34(4), 455–467.

Reichertz, Jo (2003). *Die Abduktion in der qualitativen Sozialforschung.* Wiesbaden: VS.

Reichertz, Jo (2007a). Qualitative Sozialforschung – Ansprüche, Prämissen, Probleme. *Erwägen Wissen Ethik,* 18(2), 195–208.

Reichertz, Jo (2007b). Qualitative Forschung auch jenseits des interpretativen Paradigmas? Vermutungen. *Erwägen Wissen Ethik,* 18(2), 276–293.

Reichertz, Jo (2009). Die Konjunktur der qualitativen Sozialforschung und Konjunkturen innerhalb der qualitativen Sozialforschung. *Forum Qualitative Sozialforschung/Forum: Qualitative Social Research,* 10(3), Art. 30, Download: http://nbn-resolving.de/urn:nbn:de:0114-fqs0903291 [12.04.2014].

Reichertz, Jo (2012). Abduktion, Deduktion und Induktion in der qualitativen Forschung. In: Uwe Flick, Ernst von Kardorff, Ines Steinke (Hrsg.), *Qualitative Forschung. Ein Handbuch* (9. Auflage, S. 276–286). Hamburg: Rowohlt.

Ricœur, Paul (1983). Die Metapher und das Hauptproblem der Hermeneutik (1972). In: Anselm Haverkamp (Hrsg.), *Theorie der Metapher* (S. 55–79). Darmstadt: Wissenschaftliche Buchgesellschaft.

Ricœur, Paul (1991). *Die lebendige Metapher* (2. Auflage). München: Fink.

Rigney, Daniel (2001). *The metaphorical society. An invitation to social theory.* Boston: Rowman & Littlefield.

Roderburg, Sylvia (1998). *Sprachliche Konstruktion der Wirklichkeit. Metaphern in Therapiegesprächen.* Wiesbaden: Deutscher Universitätsverlag.

Sachweh, Svenja (1997). „Schätzle hinsetzen" – Babysprache in der Altenpflege. In: Angelika Zegelin (Hrsg.), *Sprache und Pflege* (S. 95–104). Wiesbaden: Ullstein-Mosby.

Schachtner, Christina (1999). *Ärztliche Praxis. Die gestaltende Kraft der Metapher.* Frankfurt am Main: Suhrkamp.

Schiefer, Matthias (2006). *Die metaphorische Sprache in der Medizin. Metaphorische Konzeptualisierungen in der Medizin und ihre ethischen Implikationen untersucht anhand von Arztbriefanalysen.* Berlin: LIT-Verlag.

Schmidt, Katrin (2007). Gestische Metaphorik. *Gesprächsforschung*, 8, 253–276, Download: http://www.gespraechsforschung-ozs.de/heft2007/ga-schmidt.pdf [15.04.2014].

Schmitt, Rudolf (1995). *Metaphern des Helfens*. Weinheim: Psychologie Verlags Union.

Schmitt, Rudolf (1997). Metaphernanalyse als sozialwissenschaftliche Methode. Mit einigen Bemerkungen zur theoretischen „Fundierung" psychosozialen Handelns. *Psychologie & Gesellschaftskritik*, 21(1), 57–86. Download: http://nbn-resolving.de/urn:nbn:de:0168-ssoar-289197 [18.01.2014].

Schmitt, Rudolf (2001). Metaphern in der Psychologie – eine Skizze. *Journal für Psychologie*, 9(4), 3–15. Download: http://nbn-resolving.de/urn:nbn:de:0168-ssoar-28266 [12.04.2014].

Schmitt, Rudolf (2002a). Ein guter Tropfen, maßvoll genossen, und andere Glücksgefühle. Metaphern des alltäglichen Alkoholgebrauchs und ihre Implikationen für Beratung und Prävention. In: Frank Nestmann, Frank Engel (Hrsg.), *Die Zukunft der Beratung – Visionen und Projekte in Theorie und Praxis* (S. 231–252). Tübingen: DGVT.

Schmitt, Rudolf (2002b). Nüchtern, trocken und enthaltsam. Oder: Problematische Implikationen metaphorischer Konzepte der Abstinenz. *Sucht*, 48(2), 103–107.

Schmitt, Rudolf (2003). Methode und Subjektivität in der Systematischen Metaphernanalyse. *Forum Qualitative Sozialforschung/Forum: Qualitative Social Research*, 4(2), Art. 41, Download: http://nbn-resolving.de/urn:nbn:de:0114-fqs0302415 [18.01.2014].

Schmitt, Rudolf (2006a). „Was Ihr einmal gelernt habt, kann Euch keiner mehr wegnehmen". Metaphern in Biographien der Erwachsenenbildung. In: Dieter Nittel, Cornelia Maier (Hrsg.), *Persönliche Erinnerung und kulturelles Gedächtnis. Einblicke in das lebensgeschichtliche Archiv der hessischen Erwachsenenbildung* (S. 359–369). Opladen: Barbara Budrich.

Schmitt, Rudolf (2006b). Review: Nicole Hroch (2005). Metaphern des Umweltmanagements [17 Absätze]. *Forum Qualitative Sozialforschung/Forum: Qualitative Social Research*, 8(1), Art. 8. Download: http://nbn-resolving.de/urn:nbn:de:0114-fqs070183 [22.08.2012].

Schmitt, Rudolf (2007a). Versuch, die Ergebnisse von Metaphernanalysen nicht unzulässig zu generalisieren. *Zeitschrift für qualitative Forschung*, 8(1), 137–156. Download: http://nbn-resolving.de/urn:nbn:de:0168-ssoar-277869 [12.04.2014].

Schmitt, Rudolf (2007b). Attempts not to over-generalize the results of metaphor analyses. In: Mechtild Kiegelmann, Leo Gürtler, Günter L. Huber, Kiegelmann, Mechthild, Gürtler, Leo, Huber, Günter L. (Hrsg.), *Nexus qualitative psychology, Vol. V: Generalization in qualitative psychology* (S. 53–70). Tübingen: Huber. Download: http://psydok.sulb.uni-saarland.de/volltexte/2007/945/pdf/nexus_5.pdf [12.04.2014].

Schmitt, Rudolf (2013). Metaphern für Bildungsprozesse im Kontext von Krankheitserfahrungen. In: Dieter Nittel, Astrid Seltrecht (Hrsg.), *Krankheit: Lernen im Ausnahmezustand?* (S. 173–183). Berlin: Springer.

Schmitt, Rudolf (2014). Bilder der Gesellschaft von Studierenden der Sozialen Arbeit: Das Eltern-Modell und andere Herausforderungen für soziologisches Wissen. In: Ursula Unterkofler, Elke Oestreicher (Hrsg.), *Theorie-Praxis-Bezüge in professionellen Feldern. Wissensentwicklung und -verwendung als Herausforderung* (S. 263–283). Opladen: Budrich UniPress.

Schmitt, Rudolf (2017a). *Systematische Metaphernanalyse als Methode der qualitativen Sozialforschung*. Wiesbaden: Springer VS.

Schmitt, Rudolf (2017b). Metaphors we help: Socio-cognitive patterns of professionals in social work. In: Andreas Liljegren, Mike Saks (Hrsg.) Professions and Metaphors: Understanding Professions in Society (S. 174–162). Oxford: Routledge, S. 147–162.

Schmitt, Rudolf; Köhler, Bettina (2006). Kognitive Linguistik, Metaphernanalyse und die Alltagspsychologie des Tabakkonsums. *Psychologie und Gesellschaftskritik*, 29(3–4), 39–64. Download: http://nbn-resolving.de/urn:nbn:de:0168-ssoar-288126 [12.04.2014].

Schröder, Julia (2014). Grenzen setzen, Grenzen zeigen, Grenzen respektieren, spüren und wahrnehmen – Beratung ist Grenzbearbeitung. In: *Verhaltenstherapie und psychosoziale Praxis*, 4 – Schwerpunkt: Metaphern, 959–970.

Schröder, Julia (2015). *„Ich könnt ihr eine donnern" – Metaphern in der Beratung von Männern mit Gewalterfahrungen*. Weinheim: Beltz Juventa.

Schroeter, Klaus R.; Künemund, Harald (2010). „Alter" als Soziale Konstruktion – eine soziologische Einführung. In: Kirsten Aner, Ute Karl (Hrsg.), *Handbuch Soziale Arbeit und Alter. Wiesbaden* (S. 393–401). Wiesbaden: Springer VS.

Schulze, Heike (2007). *Handeln im Konflikt. Eine qualitativ-empirische Studie zu Kindesinteressen und professionellem Handeln in Familiengericht und Jugendhilfe*. Ergon: Würzburg.

Schütz, Alfred (2004a). Hic egregie progressus sum (Original publiziert 1958). In: *Werkausgabe Band VI.1* (S. 333–338). Konstanz: UVK.

Schütz, Alfred (2004b). Begriffs- und Theoriebildung in den Sozialwissenschaften. In: *Werkausgabe Bd. IV* (S. 445–464). Konstanz: UVK.

Searle, John R. (1993). Metaphor. In: Andrew Ortony (Hrsg.), *Metaphor and thought* (2. Auflage, S. 83–111). Cambridge: Cambridge University press.

Selting, Margret; Auer, Peter; Barden, Birgit; Bergmann, Jörg; Couper-Kuhlen, Elisabeth; Günthner, Susanne; Meier, Christoph; Quasthoff, Uta; Schlobinski, Peter; Uhmann, Susanne (1998). Gesprächsanalytisches Transkriptionssystem (GAT). In: *Linguistische Berichte* 173, 91–122.

Sichler, Ralph (1994). Pluralisierung und Perspektivität. Überlegungen zu einer postmodernen Version interpretativer Forschung. *Journal für Psychologie*, 2(4), 5–15.

Soeffner, Hans-Georg (2004). Prämissen einer sozialwissenschaftlichen Hermeneutik, Hans-Georg Soeffner, *Auslegung des Alltags – Der Alltag der Auslegung. Zur wissenssoziologischen Konzeption einer sozialwissenschaftlichen Hermeneutik* (S. 78–113). Konstanz: UVK.

Stadelbacher, Stephanie (2010). Die körperliche Konstruktion des Sozialen. Ein soziologischer Blick auf die Theorie kognitiver Metaphorik von George Lakoff und Mark Johnson. In: Fritz Böhle, Margit Weihrich (Hrsg.), *Die Körperlichkeit sozialen Handelns. Soziale Ordnung jenseits von Normen und Institutionen* (S. 299–330). Bielefeld: transcript.

Stadelbacher, Stephanie (2014). Vom ‚Reisen' und ‚friedlichen' Sterben – Die wirklichkeitskonstitutive Macht von Metaphern am Beispiel der Hospizbewegung. In: Matthias Junge (Hrsg.), *Methoden der Metaphernforschung und -analyse* (S. 99–116). Wiesbaden: Springer VS.

Steen, Gerard J.; Dorst, Aletta G.; Herrmann, J. Berenike; Kaal, Anna A.; Krennmayr, Tina; Pasma, Trijntje (2010). *A method for linguistic metaphor identification. From MIP to MIPVU*. Amsterdam: John Benjamins.

Steinke, Ines (1999). *Kriterien qualitativer Forschung. Ansätze zur Bewertung qualitativ-empirischer Sozialforschung.* Weinheim: Juventa.

Steinke, Ines (2012). Gütekriterien qualitativer Forschung. In: Uwe Flick, Ernst von Kardorff, Ines Steinke (Hrsg.), *Qualitative Forschung. Ein Handbuch* (9. Auflage, S. 319–331). Hamburg: Rowohlt.

Stoffel, Brigitte (2003). Konzeptuelle Metapher – Theoriebildung und Probleme. In: Werani, Anke; Kegel, Gerd; Bertau, Marie-Cecile. *Psycholinguistische Studien 1* (S. 123–153). Aachen: Shaker.

Straub, Jürgen; Seitz, Hartmut (1998). Metaphernanalyse in der kulturpsychologischen Biographieforschung. Theoretische Überlegungen und empirische Analysen am Beispiel des „Zusammenschlusses" von Staaten. In: Ralf Bohnsack, Winfried Marotzki (Hrsg.), *Biographieforschung und Kulturanalyse. Interdisziplinäre Zugänge* (S. 243–259). Opladen: Leske + Budrich.

Straub, Jürgen; Sichler, Ralf (1989). Metaphorische Sprechweisen als Modi der interpretativen Repräsentation biographischer Erfahrungen. In: Peter Alheit & Erika M. Hoerning (Hrsg.), *Biographisches Wissen. Beiträge zu einer Theorie lebensgeschichtlicher Erfahrung* (S. 221–237). Frankfurt am Main: Campus.

Super, Charles M.; Harkness Sara (2003). The metaphors of development. *Human-Development*, 46(1), 3–23.

Surmann, Volker (2005). *Anfallsbilder. Metaphorische Konzepte im Sprechen anfallskranker Menschen.* Würzburg: Königshausen & Neumann.

Thorne, Sally; Paterson, Barbara; Acorn, Sonia; Canam, Connie; Joachim, Gloria; Jillings, Carol (2002). Chronic illness experience: Insights from a metastudy. *Qualitative Health Research*, 12(4), 437–452.

Tilley, Christopher Y. (1999). *Metaphor and material culture.* Oxford: Blackwell.

Tosey, Paul; Lawley, James; Meese, Rupert (2014). *Eliciting Metaphor through Clean Language. British Journal of Management* 25, S. 629–646.

Vehviläinen, Sanna (1999). *Structures of Counseling Interaction. A Conversation Analytic Study of Counseling Encounters in Career Guidance Training.* Helsinki: University Press.

Villwock, Jörg (1982). Paul Ricœur: Symbol und Existenz. Die Gewissenserfahrung als Sinnquelle des hermeneutischen Prroblems. In: Ulrich Nassen (Hrsg.), *Texthermeneutik. Aktualität, Geschichte, Kritik* (S. 149–195). München: Schöningh.

von Kleist, Cornelia (1987). Zur Verwendung von Metaphern in den Selbstdarstellungen von Psychotherapieklienten. In: Jarg B. Bergold, Uwe Flick (Hrsg.), *Ein-Sichten. Zugänge zur Sicht des Subjekts mittels qualitativer Forschung* (S. 115–124). Tübingen: DGVT.

Wacquant, Loïc J. D. (2006). Auf dem Weg zu einer Sozialpraxeologie. Struktur und Logik der der Soziologie Pierre Bourdieus. In: Pierre Bourdieu, Loïc J. D. Wacquant: *Reflexive Anthropologie* (S. 17–93). Frankfurt am Main: Suhrkamp.

Wagner, Franc (1997). Metaphern und soziale Repräsentation. In: Bernd Ulrich Biere, Wolf-Andreas Liebert (Hrsg.), *Metaphern, Medien, Wissenschaft. Zur Vermittlung der AIDS-Forschung in Presse und Rundfunk* (S. 210–225). Opladen: Westdeutscher Verlag.

Wagner, Franc (2003). Metaphernszenarien in der Zwangsarbeiter-Kontroverse. In: Susan Geideck, Wolf-Andreas Liebert (Hrsg.), *Sinnformeln. Linguistische und soziologische Analysen von Leitbildern, Metaphern und anderen kollektiven Orientierungsmustern* (S. 309–322). Berlin/New York: de Gruyter.

Wagner, Wolfgang; Hayes, Nicky (2005). *Everyday discourse and common sense. The theory of social representations.* New York: Palgrave Macmillan.

Weber, Max (1973). Asketischer Protestantismus und kapitalistischer Geist. In: Max Weber, *Soziologie. Universalgeschichtliche Analysen. Politik* (S. 357–381). Stuttgart: Kröner. (Orig. 1905).

Weinrich, Harald (1983). Semantik der kühnen Metapher. In: Anselm Haverkamp (Hrsg.), *Theorie der Metapher* (S. 317–339). Darmstadt: Wissenschaftliche Buchgesellschaft.

Wiedemann, Peter Michael (1989). Deutungsmusteranalyse. In: Gerd Jüttemann (Hrsg.), *Qualitative Forschung in der Psychologie* (2. Auflage, S. 212–223). Heidelberg: Asanger.

Williams, Mike (2003). Growing Metaphors: The agricultural cycle as metaphor in the later prehistoric period of britain and north-western europe. *Journal of Social Archaeology*, 3(2), 223–255.

Witzel, Andreas (1989). Das problemzentrierte Interview. In: Gerd Jüttemann (Hrsg.), *Qualitative Forschung in der Psychologie* (2. Auflage, S. 227–255). Heidelberg: Asanger.

If you have any concerns about our products,
you can contact us on
ProductSafety@springernature.com

In case Publisher is established outside the EU,
the EU authorized representative is:
**Springer Nature Customer Service Center GmbH
Europaplatz 3, 69115 Heidelberg, Germany**

Printed by Libri Plureos GmbH
in Hamburg, Germany